이야기 경제학

– 경제는 어떻게 성장하고 왜 붕괴하는가

이야기 경제학
-경제는 어떻게 성장하고 왜 붕괴하는가

초판 1쇄 인쇄 2011년 10월 10일
초판 1쇄 발행 2011년 10월 17일

지은이 피터 D. 쉬프, 앤드류 J. 쉬프
그린이 브랜든 리치
옮긴이 강천
펴낸이 이윤희
펴낸곳 돈키호테

등록 제2005-000031호
주소 136-733 서울시 성북구 종암로 75, 104-1801
전화 02-2649-1687
팩스 02-2646-1686
E-mail liha2037@hanmail.net

ISBN 978-89-93771-03-9 03320
가격 14,800원

* 잘못된 책은 바꾸어 드립니다.

이야기 경제학

– 경제는 어떻게 성장하고 왜 붕괴하는가

피터 D. 쉬프, 앤드류 J. 쉬프 지음 | 브랜든 리치 그림 | 강천 옮김

경제라고 하면 어렵고 골치 아프다는 선입견이 있는 게 사실입니다. 하지만 쉬프 형제는 경제가 돌아가는 기본 원리는 현대라고 해서 물물교환시대와 크게 다르지 않다고 이야기합니다.

쉬프 형제는 어린 시절 아버지에게서 들은 재미난 이야기가 경제의 근본 원리를 잘 설명해 준다는 사실을 어른이 된 후에 깨닫고, 그 이야기를 기초로 이 책을 쓰게 되었다고 합니다. 이야기 들려주기storytelling가 기업 현장에서 최고경영자나 임원들이 흔히 사용하는 경영 기법이 된 것이 요즈음의 흐름이지만, 이 책은 그 방식이 경제를 이해하는 데에도 활용할 수 있음을 보여 줍니다.

일시적인 수요 부족에서 야기되는 경기침체를 설명하는 '절약의 역설Paradox of Thrift'에 지나치게 경도된 나머지 '소비는 미덕'이라는 생뚱맞은 결론이 도출되기도 합니다. 그런데 저자는 경제성장과 복리증진의 근본은 소비지출이 아니라 저축과 생산이라고 주장합니다. 즉 지금은 경제의 보다 근본적인 원리로 돌아가야 할 때라고 합니다.

2008년의 금융위기를 비롯하여 평균적으로 10년마다 발생한다는 금융위기의 원인을 설명하는 이론이 많이 나와 있지만 이 책 이야기가 소

4

개하는 경제의 기본 작동방식은 그 과정을 쉽게 이해할 수 있게 해줍니다. 즉 미국이 달러의 기축통화 지위를 남용하여 생산보다 소비를 지나치게 함으로써 결국 세계경제에 불균형을 초래했다는 것입니다.

저자가 정부의 시장개입을 반대하는 입장이라고는 하나, 케인즈 학파냐 오스트리아 학파냐 하는 경계선을 확연하게 그을 필요는 없습니다. 던컨 와츠 Duncan Watts가 《상식의 배반 Everything is Obvious》에서 밝히듯이 사람들의 견해는 하나의 일관된 세계관에서 비롯된다기보다는 특정 사안에 대한 의견은 다른 사안에 대한 것과 관계없이 정해지기 때문입니다. 무엇보다도 경제를 겉으로 나타난 현상이 아니라 본질로 파악하는 데 이 책이 큰 도움이 되리라 믿습니다.

끝으로 이 책이 예쁜 모습으로 빛을 보게 된 데 대해 돈키호테 출판사 여러분에게 감사하며, 도와준 아내에게도 고마움을 전합니다.

2011년 10월
강 천

차 례

옮긴이 서문 4
INTRODUCTION 8
EPILOGUE 241

Chapter 1
생각의 탄생
19

Chapter 2
부의 분배
31

Chapter 3
신용의
다양한 용도
45

Chapter 4
경제의 확장
55

Chapter 5
번영의 중심,
회사
65

Chapter 6
은행의 등장
81

Chapter 7
사회기반시설과
무역
95

Chapter 8
국가의 탄생
109

Chapter 9
정부의
창의성 발휘
119

Chapter 12
서비스 부문의
부상
159

Chapter 11
멀리서 온
생명선
147

Chapter 10
작아지는
고기
137

Chapter 15
오두막 함정
195

Chapter 14
오두막
과잉공급
179

Chapter 13
고기 창구의
폐쇄
171

Chapter 17
주객전도
227

Chapter 16
가속페달
밟기
211

지난 백여년 동안 학문은 거의 모든 영역에서 눈부신 발전을 이루었다. 하지만 유독 한 분야는 그렇지 않다.

수학과 물리학의 큰 성과에 힘입어 과학자들은 우주선을 수억 킬로미터 떨어진 토성의 한 위성에 안착시키는 데 성공했다. 하지만 '음울한' 경제학은 그런 성과의 근처에도 못 간다.

나사 기술자의 예측 수준이 주류 경제학자와 비슷했다면 갈릴레오 미션의 결과는 매우 달라졌을 것이다. 즉 우주선이 토성 궤도를 이탈했을 것이고 마찬가지로 로켓이 지표면을 뚫고 들어가 마그마 깊은 곳 어딘가에서 폭발하고 말았을 것이다.

2007년 세계가 3세대 만에 겪는 경제 재앙을 코앞에 두고서도 어떤 문제가 잠복해 있다고 눈치 챈 경제학자는 거의 없었다. 재난이 터진 지 3년이 지난 이제야 경제학자들은 말도 안 되는 처방전을 내놓고 있다. 부채위기를 해결하기 위해 더 많은 빚을 져야 하고 번영하기 위해 더 많이 소비해야 한다고 한다. 3년 전에 예측을 제대로 못한 것도, 지금 엉뚱한 해결책을 내놓는 것도 모두 경제가 실제 어떻게 움직이는지 몰라서 빚어진 결과다.

이처럼 경제학이 현실과 분리된 것은 케인즈 이론을 무분별하게 받아들였기 때문이다. 케인즈는 20세기 초 영국 경제학자인데 경제 성장을 가져오는 요인을 잘못 짚었다. 케인즈는 그럴 듯한 속임수를 고안하여 단순한 것을 매우 복잡하게 만들었다.

케인즈가 살던 시대에 물리학자들은 양자역학 개념과 씨름했는데 이는 우주가 전혀 다른 두 물리법칙에 의해 지배된다는 것이다. 하나는 양자나 전자 같은 매우 작은 입자의 법칙이고 다른 하나는 그 밖의 모든 것에 대한 법칙이다. 케인즈는 지루한 경제학에 신선한 주사를 놓을 필요가 있다고 느꼈는지 비슷한 세계관을 제안했다. 즉 개인과 가계에 관해 미시 수준에서 지배하는 경제법칙과 국가와 정부에 관해 거시 수준에서 지배하는 법칙이다.

케인즈의 업적은 세계 역사상 경제가 가장 번창한 시기의 끝 무렵에 나왔다. 경제적으로 말하면 19세기와 20세기 초반은 서양에서 생산력과 생활수준이 전례 없이 성장한 시기다. 이 성장의 중심에는 개인의 권리와 작은 정부를 선호하는 미국의 자유 자본주의가 있었다.

하지만 자유시장 자본주의에 내재한 분권 요소는 세계 도처에 널린 경직된 권력구조를 위협했다. 그뿐 아니라 자본주의의 팽창은 극심한 빈부 격차를 가져왔고 이것이 몇몇 사회과학자와 진보주의자에게 자유시장 자본주의보다 좀더 평등한 대안을 찾도록 했다. 케인즈는 불공정해 보이는 시장을 현대과학으로 지도하려는 과정에서 본의 아니게 경제 활동에 위로부터의 계획이 필요하다고 믿는 사회 공상주의자와 중앙정부에게 은신처를 제공한 셈이다.

케인즈 시각의 핵심은 경제가 어려운 시기에 정부는 통화공급을 늘리고 재정적자를 키움으로써 자유시장의 변동성을 줄일 수 있다는 것이다.

1920년대와 1930년대에 처음 모습을 드러낸, 케인즈 학파로 불리는 케인즈의 제자들은 루드비히 폰 미제스 같은 경제학자의 시각을 따르는 오스트리아 학파와 충돌했다. 오스트리아 학파는 경기침체에 선행하는 호황 동안에 내린 잘못된 결정들의 효과가 사그라지려면 경기침체가 필요하다고 주장한다. 오스트리아 학파는 애초에 호황이 생긴 것이 정부가 낮은 금리로 경제를 '부양'하면서 기업에게 잘못된 신호를 보낸 때문이라고 믿는다. 이리하여 케인즈 학파는 불황을 완화하려는 반면 오스트리아 학파는 인위적인 호황을 피하려 한다.

뒤이은 경제 논쟁에서 케인즈 학파가 유리한 고지를 잡았다. 케인즈 학파는 고통 없는 해결책이라는 희망을 주었기 때문에 정치가들이 즉각 받아들였다. 케인즈가 옹호한 정책은 세금 인상이나 정부 서비스 감축 없이 고용증대와 성장을 약속했다는 점에서 마치 다이어트나 운동을 하지 않고도 몸무게를 줄일 수 있다는 기적 같은 프로그램과도 같다. 그런 희망은 비합리적이긴 하지만 그래도 안심을 주며 선거유세에서 확실히 매력적이다.

케인즈 학파는 정부가 인쇄기 돌아가는 소리만으로 생활수준을 높일 수 있는 체하도록 내버려둔다. 케인즈 학파는 친정부 성향을 띤 덕분에 오스트리아 학파보다 정부의 고위 경제각료에 더 많이 등용된다. 금융장관이나 재무장관을 배출한 대학은 그러지 못한 대학보다 분명 평판이 더 좋다. 경제학과는 불가피하게 그런 생각을 지지하는 교수를 선호하게 되었고, 오스트리아 학파는 점점 더 변방으로 몰려났다.

이와 비슷하게 경제학자의 또 다른 주요 근무처인 대규모 금융기관도 케인즈 학설에 우호적이다. 큰 은행과 투자회사는 통화가 많고 신용이 느슨한 케인즈 환경에서 돈벌이가 더 수월하다. 정부정책이 투자를 보호해야 한다는 신념 또한 금융회사가 겁 많은 투자자의 주머니를 더 잘 열도록 돕는다. 그리하여 금융회사는 그런 세계관을 지지하는 경제학자를 잘 고용한다.

케인즈 학설은 고지식한 경쟁자에 비해 그런 두드러진 이점을 가졌으므로 거기에 천성적으로 충실한 경제학자 무리가 서로 추켜세우며 태어나는 데는 오래 걸리지 않았다.

이 분석가들은 케인즈 정책이 대공황을 끝냈다는 사실을 복음으로 받아들인다. 정부의 부양책(제2차 세계대전을 치르는 데 필요한 지출을 포함하여)이 없었다면 경제공황에서 결코 회복하지 못했으리라고 주장하는 사람이 많다. 이 분석이 빠뜨린 사실은 대공황이 현대사에서 가장 길고 가장 심각한 침체이며 케인즈 정책수단을 총동원하여 다룬 첫 번째 사례였다는 것이다. 이런 개입이 대공황의 원인이었는지 아니면 치유책이었는지 하는 논쟁을 논할 가치가 있다고 생각하는 진지한 '경제학자'는 없었던 듯하다.

케인즈 학파가 대학 경제학과와 재무부, 투자은행을 확고히 통제하는 것은 마치 천체의 공전속도 계산을 천문학자 대신 점성술사에게 위임하

는 것과 같다. (점성술사들이니 인공위성이 소행성에 부딪치더라도 그
것은 서로 끌어당길 가능성이 있는 예상 못한 만남일 뿐이라고 주장하는
것이다.)

사정이 비극적인 것은 이런 경제학자가 아무리 자주 자기 과업을 깡그
리 망쳐 놓아도, 로켓이 발사대에서 아무리 많이 폭발해 버려도 자기 모
형에 의문을 제기하는 중요 인사가 없다는 사실이다.

일반인은 대개 경제학자들이 자기가 무엇을 말하는지도 모른다고 생
각하게 되었는데 이는 타당하다. 하지만 일반대중은 경제학자들이 무지
한 이유를 경제학이라는 분야가 워낙 광범하고 모호하며 비논리적이라
서 옳은 예측은 최고로 교육받은 학자에게도 능력 밖이라고 단정해 버리
기 때문이라고 생각한다.

하지만 케인즈 학파가 제시한 경제적 이분성이 존재하지 않는다면 어
떻게 될까? 경제학이 그보다 훨씬 단순하다면 어떻게 될까? 암거위에게
좋은 것이 수거위에게도 좋다면 어떻게 될까? 지출함으로써 번영에 이
르기가 가정에서 불가능하듯이 국가에서도 불가능하다면 어떻게 될까?

내가 2008년의 경제붕괴를 정확히 예측한 사실을 잘 아는 사람들은
그것이 내가 머리가 좋기 때문이라고 생각한다. 하지만 나는 자산거품을
못 내다본 경제학자들보다 더 영리하지 않다고 확언한다. 내게 있는 것
은 경제학의 기본원리에 대한 확고하고 근본적인 이해다.

내가 그런 이점을 가지게 된 것은 어릴 때 아버지께서 복잡한 경제현

상을 꿰뚫어보는 데 필요한 기본 도구를 주신 덕분이다. 그 도구는 이야기와 비유, 실험을 통해 얻었다. 그 이야기 중 하나가 이 책의 기초를 이룬다.

아버지 어윈 쉬프는 1928년 코네티컷 주 뉴헤이븐에서 중하층 이민 가족의 여덟 번째 아이로 태어났다. 할아버지는 노동조합원이었고 대가족 모두는 루스벨트의 뉴딜 정책을 열렬히 지지했다. 아버지가 1946년 코네티컷 대학에 입학하여 경제학을 공부하게 되었을 때 그의 배경이나 기질로 보아 당시 지배적인 정통 경제학을 거부하고 이미 낡아버린 오스트리아 학파의 경제관을 취하게 되리라고는 아무도 믿지 않았지만 실제로는 그렇게 되었다.

아버지는 언제나 창의적인 사고를 했는데 그것이 자신에 대한 다소 지나친 자신감과 결합하여 배운 내용이 현실과 잘 맞지 않는다고 결론 내렸다. 다양한 경제이론을 깊이 파고들면서 아버지는 헨리 해즐릿과 헨리 그래디 위버 같은 자유주의 사상가의 책을 접하게 되었다. 아버지의 전향은 서서히 이루어졌지만(1950년대 꼬박 10년이 걸렸으니) 마침내 건전한 통화와 작은 정부, 낮은 세금, 개인의 책임에 대한 신념이 확고해졌다. 1964년에 아버지는 배리 골드워터를 대통령으로 열렬히 지지했다.

1944년 브레튼우즈 통화체제에서 미국은 세계 다른 나라들이 자국 화폐를 금 대신 달러에 연동하라고 설득했다. 세계 금의 80퍼센트를 미국이 소유하고 있고 금 1온스 당 35달러를 바꿔 준다고 서약했으므로 그 제안은 대체로 받아들여졌다.

하지만 연준의 케인즈 학파 통화 관리자들이 초래한 40년간의 통화 가치하락으로 인해 금의 고정 가격은 대단히 저평가된 것이 되었다. 이 불일치 때문에 1965년 프랑스를 시작으로 외국 정부들이 미국 지폐를 금으로 돌려받으려는 소위 '금 고갈' 현상이 초래되었다. 이전의 1932년 가격으로 금을 살 수 있는 기회가 주어지자 외국 정부들은 서둘러 미국 달러화를 내다 팔았다.

1968년 린든 존슨 대통령의 경제 보좌관들은 금 고갈을 초래한 원인이 큰 이득을 내는 가격 상 매력이 아니라 미국 금 보유량이 국내 통화와 외국 보유 달러를 보전하기에 충분치 않다는 외국 정부의 염려 때문이라고 주장했다. 이런 염려를 불식하기 위해 대통령의 통화 전문가들은 국내 통화의 25퍼센트에 해당하는 만큼 금을 보유하도록 한 의무조항을 폐지하라고 조언했다. 그만큼의 금을 외국 달러 보유자에게 융통할 수 있게 하려는 속셈으로. 이 추가된 보호장치 덕분에 외국정부의 염려가 줄어들고 금 유출이 멈출 것이라고 여겼던 것이다. 코네티컷 주 뉴헤이븐의 젊은 사업가인 아버지는 이런 논리가 어리석다고 보았다.

아버지는 금 문제를 검토하는 위원회 위원인 텍사스 주 상원의원 존 타워 씨에게 편지를 보내서 미국이 택할 수 있는 두 가지 방안을 설명했다. 1932년 금 가격에 맞추기 위해 일반 물가수준을 낮추든지 아니면 1968년 가격에 맞추기 위해 금 가격을 올리든지 해야 한다고. 달리 말하면 40년간의 물가상승을 조정하기 위해 미국은 물가를 낮추든지 달러 가치를 떨어뜨려야 한다는 것이다.

아버지는 물가하락이 달러의 잃어버린 구매력을 회복할 것이므로 물가하락이 가장 책임감 있는 선택이라고 주장했지만, 경제학자들이 물가하락을 재앙으로 보며 정부가 물가상승을 원래 선호한다는 사실(이 책에서 논의할 것임)도 이해했다. 이런 편견이 있는 상태에서 아버지는 당국이 금에 대한 달러의 가치가 하락한 점을 최소한 인정하고 공식적으로 달러화 가치를 절하할 수 있으리라고 주장했다. 그런 맥락에서 아버지는 금이 온스 당 105달러가 되어야 한다고 생각했다.

아버지는 위험하지만 좀 더 가능성이 높은 방안도 생각했는데 정부가 아무 행동도 취하지 않는 것이다(실제 정부는 그렇게 했다). 오늘날과 마찬가지로 그때는 선택할 수 있는 것이 대가를 지불하든지 미래 세대에게로 문제를 떠넘기든지 할 수밖에 없었다. 정부는 떠넘겼고 그 미래 세대가 우리다.

타워 상원의원은 어윈 씨 주장의 기본 논리가 매우 인상적이어서 아버지를 위원회에서 연설하도록 초청했다. 청문회에서 연준과 재무부, 의회에서 온 통화 전문가들은 금 태환을 제거하면 달러가 강해지고 금 가격이 떨어지며 번영의 시대가 올 것이라고 증언했다.

아버지는 금태환을 미 달러에서 제거하면 금값이 폭등할 것이라 주장했다. 보다 중요한 지적은 내재가치가 없는 화폐는 심각한 물가상승과 지탱할 수 없는 정부부채를 초래할 것이라는 점이다. 이 소수의견은 완전히 무시되었고 금태환은 제거되었다.

경제학자들이 예측한 것과는 정반대로 준비 금을 추가해도 금 유출을 멈추게는 못했다. 마침내 1971년 닉슨 대통령은 금 창구를 닫았고 이로써 달러와 금의 마지막 연결은 끊어졌다. 그 시점에서 세계경제는 가치없는 화폐에만 기반을 두게 되었다. 그 다음 십년 동안 미국은 역사상 가장 가파른 물가상승을 겪었고 금은 온스 당 800달러까지 치솟았다.

1972년 아버지는 케인즈 학파 경제학이 어떻게 미국을 지탱할 수 없는 길로 내몰았는지 공격하기 시작했다. 그가 쓴 책《최대의 사기: 정부가 어떻게 당신의 털을 벗기는가The Biggest Con: How the Government Is Fleecing You》는 폭넓은 지지를 받았고 꽤 잘 팔렸다. 그 책에 포함된 많은 일화 중에는 어느 섬에서 맨손으로 물고기 잡는 세 사람에 대한 이야기도 있다.

그 이야기는 애당초 자동차 가족여행 시 시간 보내기용이었다. 교통이 막히면 아버지는 경제학의 기본 교훈으로 두 아들을 즐겁게 해주려 했다(어떤 아이에게도 최상의 오후였다). 이를 위해 아버지는 언제나 재미있는 이야기를 동원했다. 이것이 '물고기 이야기'로 알려지게 되었다.

이 비유는《최대의 사기》중 한 장의 중심 주제다. 약 8년 후 아버지는 많은 독자가 그 이야기를 매우 좋아한다면서 그 이야기를 중심으로 삽화가 곁들인 책을 출간하기로 했다. 그렇게 나온 책《경제는 어떻게 성장하며 왜 성장하지 않는가?》는 1979년에 처음 출간되었고 오스트리아 학파에게는 거의 교과서 수준까지 되었다.

30년이 지난 후 미국경제가 절벽 가장자리를 향해 치닫는 것과 정부가 과거의 실수를 두 배로 되풀이하는 것을 보면서 동생과 나는 새 세대를 위해 '물고기 이야기'를 개정할 시기가 무르익었다고 생각했다. 경제를 명확하게 설명할 필요성은 지금이 그 어느 때보다 더 크며, 물고기 이야기는 경제가 어떻게 작동하는지를 이해하는 최상의 수단이라고 생각한다.

이번 개정판은 아버지가 30년 전에 고안한 것보다 여러 면에서 더 야심차다. 다루는 범위가 넓고 역사의 많은 부분을 포함한다. 사실 원작의 개정판이라고 표현해도 무방할 것이다. 이 책이 가장 구미에 맞는 사람은 경제학자가 현실과 아무 상관 없어 보이는 개념을 지루하게 설명할 때 멍해지는 사람이다. 우리는 정부가 가치 없는 화폐를 효과적인 경제 윤활유가 될 수 있다고 믿으면서 지출하지만 아무런 결과도 내지 못하는, 즉 케인즈 학파가 제안한 모형이 잘못되었고 위험하다는 점을 보이고자 한다.

나쁜 소식은 우리 경제학자가 자기가 끼고 있는 줄도 모르는 장밋빛 안경을 벗으면 우리나라가 심각한 문제에 직면해 있으며 그것이 개선되기는커녕 더 나빠지고 있는 것을 볼 수 있다는 사실이다. 좋은 소식은 우리가 사태를 좀 더 명확히 파악하면 적어도 문제 해결을 시도할 수 있다는 것이다. 주제는 심각하지만 접근방식은 스트레스 많은 시대에 절대 필요한 유머로 하려 한다. 이 점은 아버지도 원했을 것이다.

CHAPTER
1

생각의 탄생

옛날 어느 섬에 에이블^{Able}, 베이커^{Baker}, 찰리^{Charlie} 이렇게 세 사람이 살고 있었다. 적도의 낙원과는 전혀 딴판이었고 아무런 사치품도 없이 살기가 팍팍한 곳이었다. 특히 먹을거리가 별로 없어서 식탁에는 물고기뿐이었다.

다행히도 섬 주위에는 물고기가 풍부했는데, 그곳의 물고기들은 한 사람이 한 마리만 먹으면 하루의 식량으로 충분했다. 하지만 그곳은 고기 잡는 기술이 전혀 없는 외딴 곳이다. 이 사내들이 할 수 있는 일이라고는 물에 뛰어들어서 미끈거리는 녀석을 맨손으로 잡는 것 뿐이었다.

이런 효율성이 낮은 기술을 사용하니 각자는 하루 동안 겨우 다음날까지 생존하는 데 필요한 한 마리밖에 잡을 수 없다. 아침에 일어나서 물고기를 잡고, 식사를 하고, 다시 잠자리에 드는 것, 이것이 섬 경제의 전부였다. 생활이라고도 할 수 없지만 다른 대안이 없었다.

스시(회)를 기본으로 하는 매우 단순한 섬 사회였으니…

저축savings도 없고,

신용credit도 없고,

투자investment도 없었다!

생산된 것은 모두 소비되었다! 비상시를 대비해 남겨둔 것도 없고 빌려줄 게 남지도 않았다.

비록 섬 사람들이 원시사회에 살았지만 그들이 어리석거나 야망이 없는 것은 아니었다. 인간이라면 누구나 그렇듯이 에이블과 베이커, 찰리도 자기 생활수준을 향상시키고 싶었다. 하지만 그러기 위해서는 생존에 필요한 물고기 한 마리 이상을 하루 동안 잡아야 했다. 그런데 불행히도 맨손이었고 게다가 물고기는 더없이 날렵하여 세 사람은 생존 수준에 묶여 있었다.

어느 날 밤, 별이 총총한 하늘을 쳐다보며 에이블은 삶의 의미를 생각하기 시작했다. "이게 전부란 말인가? 인생이 이것보다는 나아야 하지 않을까?"

에이블은 손으로 고기 잡는 일 외에 하고 싶은 일이 있었다. 좀 더 멋진 야자수잎 옷을 만들고 싶었고 태풍을 피할 집을 원했으며, 영화감독을 하고픈 꿈도 있었다. 하지만 온종일을 고기 잡는 데 쏟아붓고서야 어떻게 이런 꿈을 실현할 수 있겠는가?

에이블의 머리가 돌아가기 시작했다. 문득 고기 잡는 도구라는 것에 생각이 미쳤다. 사람 손이 멀리 닿을 수 있게 하고 물고기가 도망가기 어렵게 하는 도구, 그런 장비라면 더 많은 물고기를 더 짧은 시간에 잡을 수 있을 것이다! 이제 남는 시간에 좋은 옷을 만들고 집을 짓고 영화도 구상해 만들 수 있을 터이다.

도구의 모양이 떠오르자 나날이 고기만 잡는 따분한 일상에서 벗어날 미래가 그려졌다.

에이블은 자기 도구를 '그물'이라 부르기로 하고 그것을 만들 재료를 찾아 나섰다.

다음날 베이커와 찰리는 에이블이 고기를 잡지 않는 것을 알아챘다. 에이블은 모래밭에서 야자수 줄기로 줄을 만들고 있었다. 베이커가 물었다. "웬일이야? 다이어트라도 하는 거냐? 거기 앉아서 줄만 묶고 있다가는 배곯을걸."

에이블이 설명했다. "나는 고기가 무궁무진한 보물상자를 열 수 있는 장치를 고안해냈어. 완성하면 고기 잡는 시간이 덜 들고 다시는 굶지 않을 거야."

찰리는 눈알을 굴리며 자기 친구가 마침내 돌아버린 건 아닌지 의아해했다. "이건 미친 짓이야. 확실히 미친 짓이지. 그게 제대로 쓰이지 않더라도 내 고기 한 토막을 달라고 보채지 마. 내가 정신이 말짱하다고 해서 네 미친 짓을 보상해 주지는 않을 테니까."

에이블은 여기에 주눅 들지 않고 줄 엮는 일을 계속해 나갔다.

에이블은 이 단순한 작업에서 생활수준을 향상시킬 수 있는 기본적인 경제원리를 보여 준다. 에이블은 적게 소비하면서 위험을 감수한다.

과소 소비underconsumption : 에이블은 그물을 만들기 위해 그날 고기잡이를 못한다. 그물을 만들지 않았다면 잡아서 먹었을 소득(물고기)을 포기해야 했다. 그것은 에이블에게 물고기 수요가 없어서가 아니다. 사실 그는 물고기를 좋아하고 그날 고기를 잡지 않으면 배가 고플 것이다. 에이블은 다른 두 친구보다 물고기 수요가 많지도 적지도 않다. 하지만 그는 장래에 더 많이 소비하기 위해 지금 소비를 연기하기로 한다.

위험 감수risktaking : 에이블은 자기 도구가 실제로 제 기능을 하지 못할 수도 있고 자기희생을 보상할 만큼 고기를 많이 잡지 못할 수도 있으므로 위험을 감수하는 것이다. 결국 그에게 줄 한 묶음과 허기진 배만 남게 될지도 모른다. 에이블의 아이디어가 실패한다면 그의 어리석음을 경고했던 베이커나 찰리에게서 아무 보상도 기대할 수 없다.

경제 용어로서 자본capital 은 그 자체로 사용되는 것이 아니라 다른 원하는 것을 만드는 데 사용되는 장비. 에이블이 원하는 것은 그물이 아니라 물고기다. 자본의 일종인 그물이 가치 있는 것은 그물이 더 많은 물고기를 잡아 줄 수 있기 때문이다.

그날 저녁 에이블은 그물을 완성했다! 에이블은 자기희생self-sacrifice을 통해 자본을 창조한 것이다.

그날 밤 베이커와 찰리가 배부른 상태로 잠들었을 때, 에이블은 머릿속에 맛있는 물고기가 춤추는 것을 그려 보면서 고픈 배를 달래야 했다. 하지만 에이블은 자기가 올바른 일을 했다는 사실과 물고기가 가득한 밝은 미래에 대한 희망으로 그 고통을 참을 수 있었다.

다음날 베이커와 찰리는 에이블의 발명품을 놀려댔다.

"이봐, 그건 꽤나 근사해 보이는 모자로군." 베이커가 말했다.

찰리가 덧붙였다. "테니스 모자치고는 좀 덥겠어. 어떻게 생각해?"

"맘껏 비웃어라. 하지만 물고기가 내 겨드랑이까지 차 올라올 때는 누가 웃는지 보자고." 에이블은 이렇게 응대했다.

에이블이 파도에 뛰어들어 요상하게 생긴 새 도구를 서툴게 사용할 때까지는 비웃음이 계속되었다. 하지만 몇 분 후 에이블은 도구 사용하는 법을 익혔고 곧 물고기를 낚아챘다.

베이커와 찰리는 웃음을 멈췄다. 한 시간 후 에이블이 두 번째 고기를 잡자 두 친구는 어안이 벙벙해졌다. 두 친구는 온종일 수고해도 한 마리 밖에 못 잡았으니까!

이 단순한 행동에서 섬 경제는 바야흐로 큰 변화를 겪게 될 것이다. 에이블은 자기 생산성을 높였고 그것은 모두에게 좋은 일이었다.

에이블은 잠시 갑작스런 자신의 행운을 생각해 보았다. "하루 고기잡이로 이틀 치 양식을 얻을 수 있으니 하루 걸러 다른 일을 할 수 있겠구나. 가능성은 무궁무진해!"

∴ 현실 확인

에이블은 자기 생산성productivity을 두 배로 키움으로써 소비해야 하는 것보다 더 많이 생산할 수 있게 되었다. 다른 모든 경제적 이익도 생산성 향상에서 흘러나온다.

에이블이 그물 만드는 모험을 하기 전에는 이 섬에 저축할 게 없었다. 에이블이 기회를 잡아 맘먹고 배고픔을 감수한 덕분에 처음으로 자본장비capital equipment가 생겼고 그에 따라 여유분saving이 생산되었다(이야기를 위해 물고기가 상하지 않는다고 가정한다). 이 여분의 생산물은 건전한 경제에서 피와 같은 것이다.

인간 이외의 모든 생물에게 경제활동이란 그날그날 생존하는 문제로 귀착된다. 희소한 식량을 놓고 벌이는 경쟁과 열악한 환경, 약탈자의 위험, 질병에 노출되고, 기술혁신이 드문 상황에서는 최소한의 생존(후손 번식을 위해 쓰는 약간의 시간과 함께)이야말로 동물들이 얻을 수 있는 전부라 해도 과언이 아니다. 인간도 큰 두뇌와 재주 좋은 손이 없었다면(그리 오래 되지 않은 과거에 그랬던 것처럼) 동물과 비슷한 운명이었을 것이다. 인간은 두뇌와 손을 이용하여 주위환경에서 더 많이 얻어낼 수 있는 도구tools와 기계machines를 만들 수 있었다.

경제학자 토머스 우즈Thomas Woods는 제자들에게 간단한 사고실험을 즐겨 하곤 한다. 모든 기계와 도구가 사라진다면 경제는 어떻게 될까? 자동차와 트랙터, 철 용광로, 삽, 손수레, 톱, 망치, 창, 그 외 모든 것이 사라진다면. 그것이 모두 갑자기 사라지고 우리가 소비하는 것을 모두 직접 맨손으로 사냥하고 모으고 키우고 만들어야 한다면 어떻게 될까?

말할 필요도 없이 삶은 팍팍해질 것이다. 먹이를 이빨과 주먹, 손톱으로 잡아야 한다면 식생활이 얼마나 어려워질지 상상해 보라. 큰 사냥감은 말할 필요도 없다. 토끼는 우리가 제압할 수 있겠지만… 그것도 우선 잡아야 한다. 채소를 손으로 심고 수확해야 한다면, 수확물을 운반할 자루조차 없다면 어떻게 될까? 옷과 가구를 공장 없이 만들어야 한다면… 심지어 가위나 못 없이 만들어야 한다면 어떻겠는가?

인간에게 지능이 있지만 적어도 경제적인 면에서는 침팬지나 오랑우탄보다 나을 게 없을 것이다.

도구는 모든 것을 바꾸고 경제의 가능성을 열어 놓았다. 창은 사냥감을 잡는 데 도움이 되고 삽은 식물을 심는 데, 그물은 물고기를 잡는 데 도움이 된다. 이런 도구는 노동의 생산성을 확대한다. 생산능력이 커질수록 더 많이 소비할 수 있고 우리 삶은 풍요로워진다.

경제학을 간단히 정의하면 인간의 수요를 가능한 한 많이 충족하기 위해 한정된 자원(실로 모든 자원은 한정되어 있다)의 가용성을 최대화하려는 노력이다. 이렇게 하는 열쇠는 도구와 자본, 기술혁신이다. 이 점을 염두에 두면 경제성장의 동인이 무엇인지, 즉 인간이 원하는 물건을 더 많이 생산하는 보다 나은 방법을 발견하는 것이라고 이해하기가 쉽다. 이 사실은 경제가 아무리 커지더라도 바뀌지 않는다.

CHAPTER
2

부의 분배

기업가인 에이블은 미래가 밝은 듯하다. 그런데 섬의 다른 부분은 어떤가? 가진 자와 못 가진 자라는 계급이 생긴 것은 아닌가? 에이블이 성공하는 바람에 베이커와 찰리는 고통을 받는가? 그렇지 않다. 에이블이 자기 외에 누군가를 유익하게 하려는 의도는 없었지만 에이블의 자본은 모두에게 유익하다. 왜 그런지 살펴보자.

에이블이 쉽게 고기를 잡는 것을 본 베이커와 찰리는 에이블에게 고기 잡는 발명품을 공유하자고 청했다.

찰리가 말했다. "이봐 에이블, 자네는 그 물건을 이틀에 한 번씩만 사용하니 다른 일을 하는 날에는 내가 사용하면 안 될까?"

베이커도 거들었다. "그래, 그러지 말고 그 재산을 함께 사용하자.

하지만 에이블에게 우연히 행운이 떨어진 것은 아니다. 그는 자기희생과 친구들의 비웃음을 기억하며 위험을 생각했다. "친구들이 내 그물을 망가뜨리면 어떻게 하나? 그물을 돌려주지 않으면? 그렇게 되면 나는 맨 처음으로 돌아가게 돼. 안 될 일이지, 나뭇잎 재봉사여!"

이런 안 좋은 면을 생각하니 에이블은 친구들의 요구를 거절할 수밖에 없었다. "미안해, 친구들. 난 그럴 수 없어. 내가 그물을 만들었으니 자네들도 만들 수 있어. 적어도 그물이 쓸모 있다는 건 알았잖아!"

찰리는 그물이 효율적이라고 보았지만 자신이 직접 만드는 것은 두려웠다.

그는 에이블에게 말했다. "내가 그물을 제대로 만들 수 있을지 어떻게 아나? 이전에 그런 것을 만들어 본 적도 없는데다가 난 배고픈 걸 못 참아. 난 떨려. 그럴싸한 그물을 만들기 전에 난 굶어 죽고 말 거야!"

베이커는 또 다른 제안을 내놓았다. "좋아, 구두쇠. 자넨 우리에게 어떤 호의도 베풀지 않겠단 말이지? 알았어. 그럼 이건 어때? 우리가 그물 만드는 동안 자네의 남는 고기를 좀 빌려 주게. 그러면 우리는 그물 만드는 동안 굶지 않을 것이고, 자네에게 빌린 고기는 나중에 잡아서 갚아 주면 되잖아!"

그 제안이 그물을 빌려주어 버리는 것보다는 나았지만 에이블은 아직 미심쩍었다. "하지만 내가 고기를 빌려주면 자네들이 해변에 누워 하루를 공칠지도 모르지 않나? 자네들이 그물을 만들더라도 제대로 쓸 수 없을지도 모르고. 어느 경우이든 자네들은 갚지 못하게 되고 나는 내 저축을 잃게 될걸세! 좀 더 나은 제안을 생각해 보게."

찰리와 베이커도 그 점을 시인했다. 그들은 에이블에게 아무 이득 없이 위험을 감수하라고 요구한 셈이다. 하지만 남아도는 고기의 유혹은 너무도 강했다. 곧 그들은 에이블이 받아들일 만한 방안을 궁리하기 시작했다. 머리를 짜내고 복잡한 계산을 한 후 그들은 마침내 금융 아이디어(financial idea)를 탄생시켰다.

베이커가 에이블에게 다가가서 말했다. "거래를 하자. 네가 빌려주는 고기 한 마리에 대해 우리는 두 마리를 돌려주겠네. 그건 백 퍼센트 이윤이야. 이런 섬에서 그런 수익이 어디서 생기겠는가?"

에이블은 설득되었다. "음, 그거 흥미롭군!"

에이블은 부를 생각했다. "내가 물고기 두 마리를 빌려주면 네 마리를 돌려받는다. 아무 일도 안 하면서 두 마리만큼 부유해진다. 나는 물고기 재벌이 될 거야!"

어떤 이는 에이블이 선을 넘어섰다고 생각할지 모른다. 이것이 헐리우드 영화라면 에이블은 풀 먹인 구레나룻을 배배 꼬기 시작할 것이다. 그는 다른 이들의 등골 휘는 노동 착취로 돈을 챙기는 꼴이다.

하지만 그런 해석은 사실이 아니다. 비록 에이블이 자기 물고기 금고
를 채우려고만 할지라도 그의 욕심은 그러지 않았다면 불가능했을 혜택
을 제공하는 셈이다.

에이블이 꼭 대출을 해야 하는 것은 아니다.
그는 다음 네 가지를 포함하여 다른 방안도 선
택할 수 있다.

1. 에이블은 자기 물고기를 장래에 사용하기
위해 그냥 가지고 있을 수 있다. 이것은 가장 안
전한 방법이다. 어떤 손실도 생기지 않는다.
하지만 그렇게 하면 당연히 저축은 늘어나지
않는다.

2. 에이블은 자기가 저축한 것을 소비해 버
릴 수도 있다.

3. 에이블은 그물 대여 회사를 차릴 수
있다. 남는 고기를 이틀에 하루씩 소비
한다면 그물 두 개를 더 만들 수 있다
는 계산이 나온다.

그 여분의 그물을 베이커와 찰리에
게 하루에 고기 반 마리씩 받고 빌려
줄 수 있다. 그 두 사람이 그물 대여 회사에 하루 반 마리씩 주면 에이블
은 고기를 잡으러 나가지 않고서도 생존에 필요한 하루 한 마리를 가지
게 된다. 야아, 조기 은퇴라도 할 수 있겠어!

이 시나리오에서는 베이커와 찰리가 각자 그물로 하루 두 마리를 잡을 수 있다. 에이블에게 하루 반 마리를 주고도 한 마리 반을 갖게 된다. 이 것은 그물이 없을 때보다 50퍼센트 더 많은 것이다. 윈윈 게임이다.

에이블은 흥미가 생기긴 했지만 자기 논리에 문제점이 있다는 것을 알 아차렸다. 베이커와 찰리가 이틀 동안만 그물을 빌리고 그 다음에 자기네 저축으로 자신의 그물을 만든다면… 그럴 경우에 에이블은 단지 두 마리만 더 많을 뿐이다. 이건 정말 위험한 것이다!

4. 에이블은 베이커와 찰리에게 그물을 빌려주면서 백 퍼센트 이자를 물릴 수 있다. 이 경우 이자까지 다 돌려받는다면 네 마리를 받게 된다. 하지만 친구들이 갚지 않을 위험은 언제나 있다.

의사 결정… 결정… 결정!

요약하면 에이블(그리고 사회)은 저축으로 다섯 가지를 할 수 있다.

1. 에이블은 자기가 남긴 것을 저축할 수 있다.
2. 남긴 것을 소비할 수 있다.
3. 남긴 것을 빌려줄 수 있다.
4. 남긴 것을 투자할 수 있다.
5. 위 네 가지 중 몇 가지를 결합할 수 있다.

물론 에이블의 최종 결정은 위험risk 과 보상reward 에 관한 자신의 욕구에 따라 내려질 것이다. 하지만 어떻게 하든 그는 이웃에게 아무 부담도 지우지 않으면서 섬 경제에 이익을 준다.

마침내 에이블은 대출하기로 결정한다.

에이블이 대출할 능력도 있고 의지도 있었던 덕분에 베이커와 찰리는 이전에 없던 그물을 갖게 되었다. 모두가 그물을 가지게 됨으로써 섬 전체의 고기 잡는 능력은 하루 세 마리에서 여섯 마리로 늘어났다. 경제는 두 배로 커졌고 미래는 밝아졌다.

하지만 이렇게 된 것은 단지 세 사내가 제한된 생활방식에 만족하지 않아서가 아니다. 경제용어로 '수요demand'라고 부르는 고픔hunger은 경제성장을 부추기기에 필요는 하지만 그것으로 충분하지는 않다. 더 많은 것에 대한 수요는 모든 인간에게 자연스럽다. 우리가 아무리 많이 가졌어도 언제나 더 많이 원한다. 더 많은 물건은 아닐지 몰라도 분명 더 많은 시간과 재미, 선택 가능성을 원한다. 이것은 모두 더 많은 자본을 필요로 한다. 에이블과 베이커, 찰리는 물고기에 대해 수년간 같은 불만을 갖고 있었을 것이다. 달라진 것은 마침내 그 수요를 충족하도록 생산성을 늘릴 수 있게 되었다는 점이다.

여분의 물고기로 섬 주민들은 하루에 한 마리 이상을 먹을 수 있게 되었다. 하지만 경제는 소비를 많이 한다고 해서 성장하지는 않는다. 경제가 성장하니까 소비를 더 많이 하는 것이다. 이것은 간단한 개념이지만, 현대 경제학자들이 간단한 개념으로 얼마나 대단한 일을 할 수 있는지 놀라울 뿐이다.

대부분의 경제학자들은 사람들에게 지출할 돈을 더 많이 줌으로써 수요를 늘릴 수 있다고 생각한다. 하지만 그렇게 해도 실질 수요는 변하지 않고 생산된 물건에 지출하는 금액만 변할 뿐이다. 원하는 것을 더 많이 얻는 길은 생산을 증대하는 것뿐이다.

에이블이 궁핍한 이웃을 착취하려고 자기 강점을 이용했다고 생각하는 이도 있을지 모르겠다. 에이블이 아무 일도 하지 않고 이윤을 낸 것은 사실이지만 그렇다고 해서 아무것도 지불하지 않은 것은 아니다. 에이블의 이윤은 그가 취한 위험에 대한 보상이다. 게다가 그의 이윤 창출 능력은 동료들의 발전을 방해하지도 않았다.

자기 저축에서 이윤을 내려는 에이블의 욕구 덕분에 베이커와 찰리는 소비를 줄이지 않고도 그물 만들 기회를 얻었다. 그들이 그물 만드는 데 성공한다면 굶주리지 않고도 보다 나은 경제생활을 누릴 수 있을 것이다. 나머지는 보너스다. 이 점에서 그들은 여분의 자본을 갖게 될 것이다. 만약 그들이 그물 만들기에 실패한다면 대출을 갚지 못할 것이고 이때 손해 보는 쪽은 에이블이다.

기본적으로 대출자가 이득을 보는 것은 차입자가 이득을 볼 때에만 가능하다.

물론 서로 이득을 본다는 사실을 확실히 이해하지 못하는 사람도 있을 것이다. 에이블이 갑자기 부자가 된 것을 보고 베이커와 찰리가 샘이 나서 에이블의 저축 일부를 요구한다면 어떻게 될까?

다음 경우를 상상해 보자.

베이커가 투덜대며 말한다. "우리가 매일 미끄러운 물고기를 잡느라고 파도 속에서 땀 흘리는 동안 멋진 야자수잎 턱시도를 입고 거드름 피우는 저 녀석을 보게. 저 치는 자선에 대해 들어 본 적도 없는가? 내가 가끔 하루쯤 쉴 수 있도록 고기 한두 마리는 줄 수 있을 텐데. 그는 고기가 너무 많이 쌓여서 한 마리쯤 없어도 표도 안 날걸."

찰리도 동조했다. "재산을 나눠 주게, 귀족양반!"

혹은 이런 경우는 어떤가?

에이블이 자기만의 부에 약간 죄책감을 느끼고 친구들의 주장에 휘둘려 아무것도 바라지 않고 자기 고기를 준다고 생각해 보자. 베이커와 찰리는 그 여분의 고기로 무얼 할까?

돌려줄 부담이 없다면 그 선물을 여가 시간에 쓸 가능성이 높다. 여가가 본질적으로 나쁜 것은 아니지만(사실 인간 활동은 대부분 여가를 목표로 한다), 베이커와 찰리의 여가는 섬의 생산력을 전혀 증대시키지 않는다. 그러므로 자선이라는 방안은 관대하게 들리고 에이블의 인기는 높여 주겠지만 사업대출이 가져오는 경제성장은 초래하지 않는다.

결론적으로 더 많은 고기를 잡는 것(생산)은 무엇이든 섬에 유익하다. 고기가 많을수록 모든 사람이 더 많이 먹을 가능성이 높아지고 고기잡이 외에 뭔가를 할 가능성, 혹은 아무 일도 하지 않을 가능성도 높아진다.

** 현실 확인

에이블이 실로 욕심이 많아 새로 생긴 재산을 더 부유해지는 데에만 사용하면 어떻게 될까?

그런데 이것이 진정 위험한 일인가? (자기가 일하지 않으면서) 자기 저축을 늘리는 유일한 방법이 저축을 다른 사람에게 사용할 수 있게 하는 것이라면 그가 그것을 움켜쥐고 있을 까닭이 있겠는가?

그러지 않으면 자기 재산이 그대로이거나 자기가 소비해서 줄어들 뿐이다! 자본주의가 가장 좋은 점은 개인이 이득을 추구하는 일이 결국 타인의 생활수준을 높이게 된다는 것이다.

부^{wealth}란 언제나 상대적인 개념이다. 생산이 조금밖에 되지 않는 원시사회에서는 제아무리 큰 부자라도 물질적 풍요라는 면에서는 산업시대의 가난한 사람에게도 비할 바가 못 된다. 중세시대에는 가장 막강한 왕이라도 그에게는 현대 미국에서 거의 모든 사람이 당연하게 여기는 중앙난방이나 실내 배수관, 겨울에 먹는 신선야채 같은 기본 편의시설조차 없었다. 베이커와 찰리에게는 하루에 생선 두 마리 먹는 것이 대단한 사치이겠으나 오늘날 우리 눈에는 그런 생활방식이 전혀 부럽지 않다.

재산에 정도의 차이가 있다는 사실을 근본적으로 불공정하다고 보는 사람도 있다. 이런 불편한 심기의 배후에는 부자가 부유하게 된 것이 다른 사람으로부터 재산을 빼앗았기 때문이며 그 결과 가난한 자가 생겼다고 보는 믿음이 있다. 현대 경제학에서 '노동가치설'이라 부르는 이런 생각에 따르면, 이윤은 노동자에게 합당한 것보다 적게 지급함으로써 생긴다고 한다. 이 견해에 의하면 에이블 같은 사업가나 거대기업이 부유해지는 것은 다른 사람을 가난하게 함으로써만 가능하다.

이런 생각은 도덕적 관점일 뿐이지 현실과는 아무 상관이 없다. 부자가 부를 얻는 것은 (적어도 초기에는) 가치 있는 무엇인가를 타인에게 제공하기 때문이다. 에이블은 저축이 부족한 사람에게 대출을 제공한다. 에이블이 이윤을 얻는다면 그것은 그가 제공한 서비스가 타인에게 가치 있기 때문이다.

에이블이 부랑배로서 매일 이웃의 수확물 절반을 빼앗는다면 에이블의 상대적인 부는 그가 억누른 사람의 상대적 빈곤으로부터 생긴 것이다. 타인에게 그의 이익에 반하는 일을 강요하는 이런 행동은 섬 전체의 생산력을 증대시키지 못한다. 그는 타인이 생산한 것을 단지 취할 뿐이며 섬의 생산은 그대로이다. 억압받는 자가 자기 노동의 열매가 도난당할 것을 알고는 노동시간을 줄일 것이기 때문에 전체 생산력은 오히려 줄어들 것이다.

그런 강제가 대규모로 나타난 예가 역사에는 많다. 노예제, 봉건제, 농노제가 모두 그렇다. 노동자는 자기 이익이 거절당할 때 대항하지만, 자기 노동의 혜택을 자기가 본다면 훨씬 더 좋게 반응할 것이다.

대규모 경제적 자유의 사례는 불행히도 세계 역사에서 드물다. 하지만 자기 이득을 챙기도록 허용하면 생산력은 급속히 확대된다.

신용의 활용은 경제적 자유가 어떻게 모든 이의 이득이 되는가를 보여 주는 좋은 예다. 대출자와 차입자가 자기 조건을 자유로이 충족하는 한 총체적 결과는 성공이다. 하지만 나중에 보듯이 대출시장은 외부압력으로 왜곡될 수 있다. 그렇게 되면 재난이 뒤따른다.

신용의 다양한 용도

우리가 방금 보았듯이 에이블은 베이커와 찰리가 그물을 만들 수 있도록 고기를 대출해 주기로 결정했다. 이와 같은 기업대출은 생산을 확대하기 때문에 저축된 자본을 가장 잘 사용하는 것이다.

물론 사업을 시작하도록 돈이나 고기를 대출하는 것이 사업의 성공을 보장하는 것은 아니다. 차입자가 애초의 계획대로 충분히 일을 잘 하지 못할 수도 있다.

찰리와 베이커가 그물 제작에 성공하지 못한다면 그렇게 된다.

사업이 실패하는 또 다른 경우는 아이디어가 처음부터 전망이 없는 때다. 베이커와 찰리가 그물을 짓기 위해서가 아니라 대규모 생선 최면술을 완성하기 위해 에이블에게 대출을 요구한다고 해보자.

고기가 최면에 걸리지 않는다면 대출은 차입자인 찰리와 베이커에게든 대출자인 에이블에게든 이득이 되지 못할 것이다.

핵심은 성공하지 못하는 사업 대출이 사회 저축을 허비하고 생산력을 감소시킨다는 사실이다. 그 결과 대출자는 이자는 고사하고 원금조차 받지 못하게 된다.

하지만 성공하는 사업 계획이 실패하는 사업 계획을 보상한다.

사업 대출이 사회 저축의 유일한 사용처는 아니다. 에이블이 할 수 있는 다른 유형의 대출도 있으니, 소비 대출이나 긴급 대출 같은 것이다.

소비 대출 consumption loans

에이블이 베이커와 찰리에게 그물을 짓도록 대출하는 게 아니라 휴가를 가지려는 대출 요구에 응했다고 해보자.

베이커가 불만스런 목소리로 말했다. "이봐 록피셔. 생선 세는 걸 좀 쉬고 나와 내 동무 찰리가 하루 이틀 쉴 수 있게 고기 두 마리를 빌려주라. 자네만 여가 즐기란 법은 없잖아. 게다가 우린 그걸 갚을 테니까."

정부 같은 외부 힘이 저축자에게 상환 가능성과 무관하게 대출하기를 요구할 때에는 많은 손실이 불가피하다. 그런 왜곡은 사회 저축을 허비한다.

정부는 좋은 일을 하려는 열정으로 저축을 대출하는 방식에 영향을 주고 싶어한다. 정부는 어떤 유형의 대출을 다른 것보다 더 매력적이게 하는 법을 통과시킨다. 하지만 저축을 하는 주체는 정부가 아니라 개인이다! 정부의 유인 때문에 상환하지 못하는 개인이나 기업에게 대출이 된다면 그 손해는 저축하기 위해 희생적으로 소비를 줄인 개인에게 돌아간다!

사실 에이블이 고기 최면과 같이 매우 위험성이 높다고 생각하는 대출을 하도록 강요받는다면 애초에 대출하고 싶은 마음이 들지 않을 것이다. 그 결과는 그가 열심히 일하지 않거나, 희생해 가며 저축하려 하지 않을 수도 있다.

에이블이 대답했다. "고기잡이가 힘든 일이란 건 잘 알지. 하지만 나는 고기 한 마리를 빌려주면 위험을 보상하기 위해 두 마리를 돌려받아야 해."

찰리가 반격했다. "어렵게 생각할 것 없어, 왕생선! 휴가를 마치면 우리는 충분히 쉬었을 테니 더 열심히 일해서 이자까지 돌려줄 걸세."

하지만 베이커와 찰리가 자기 생산력을 늘리지 않는다면 어떻게 휴가 대출을 이자와 함께 상환할 수 있을까? 며칠 쉬고 나서도 그들은 여전히 하루에 한 마리만 잡을 수 있을지 모른

다. 그렇게 되면 에이블에게 갚기 위해서 그들은 하루에 한 마리보다 적게 소비해야 할 것이다. 대출을 갚기 위해 그들의 생활수준이 떨어져야 한다.

에이블은 이런 가능성을 알므로 좀 더 신중하기로 했다. "이봐 친구들. 왜 굳이 지금 빌려서 다음에 대출을 갚기 위해 굶으려 하나? 지금 희생해서 하루 굶으면서 그물을 만들고 장래를 위해 저축한 후 언제든 원하는 때 쉴 수도 있는데."

베이커와 찰리는 말했다. "이봐, '너보다 내가 낫네'라는 허풍일랑 접어두고 고기나 내놓게."

에이블은 그 대출을 거절해야 했다. 그런

거래는 자기 저축을 불필요한 위험에 처하게 할 뿐 아니라 자본이 좀 더 생산적인 대출에 사용되지 못하게 한다. 거절하면 에이블은 친구들의 조롱을 받겠지만 장래의 어려움은 피하게 될 것이다. 실제로 생산력을 근본적으로 향상시키지 않는 소비자 대출은 대출자나 차입자 모두에게 부담이 된다.

긴급 대출 emergency loans

나중에 밝혀졌지만 에이블이 베이커와 찰리의 '휴가'(소비) 대출을 거절한 것은 대단히 잘한 일이었다. 일주일 후 두 사람 다 포칼라니 수두에 걸려 한 주간 동안 고기잡이를 못했다. 이제 이 비상사태가 발생하자 에이블은 베이커와 찰리가 먹고 살아서 다음에 일할 수 있도록 자기 저축에서 비상 소비자 대출을 해야 할 처지에 놓이게 되었다. 상환불능 위험이 높지만 대출하지 않으면 위험이 더 높다는 것을 알았다. 소비 대출과 달리 긴급 대출이 없으면 베이커와 찰리는 죽을 수도 있다. 만약 그렇게 되면 섬은 생산 능력을 잃게 될 것이다.

이 긴급 대출은 에이블이 비생산적인 소비 대출로 자기 저축을 주어

버렸으면 불가능했을 것이다.

사실 저축은 사회에서 삶과 죽음 간의 차이를 의미한다.

.⁎. 현실 확인: 에이블은 신용을 늘릴 수 있는가?

경기침체의 가능성에 직면하여 정치가와 은행가는 종종 대출할 수 있는 통화량을 늘림으로써 '신용을 확대할' 필요성을 논한다. 하지만 이것이 명령한다고 될 일인가? 우리 고기 잡는 친구들의 경우, 에이블이 어떻게 합법적으로 자기가 저축한 고기보다 더 많이 빌려줄 수 있겠는가? 섬 전체의 신용공급은 저축한 고기의 공급 총량을 넘을 수 없다.

불행히도 정치가와 사회이론가가 유익하다고 생각하는 활동을 장려하기 위해 정부는 저축을 어떻게 배분할지에 대해 영향력을 행사하는 것이 널리 용납된다. 그것은 정부 대출 보증과 기업 및 개인의 조세 감면과 과징금 등으로 다양하다.

이런 영향으로 개인과 기업은 특정 형태의 대출을 더 많이 신청하고 은행은 그런 대출을 더 잘 해준다. 그러면 사회의 좀 더 많은 자원이 주택건축, 대학등록, 태양전지 제조 등으로 흘러가게 된다.

이런 행태의 중심에는 정부 계획가가 저축자 자신보다 사회에 더 유익한 것이 무엇인지 더 잘 안다는 인식이 있다. 하지만 과연 그런지 증거는 없다. 사실 역사에는 정부의 두뇌집단이 고안한 거대 사업 중 약속대로 이행되지 못한 예가 많다.

하지만 보다 근본적으로 저축자와 차입자 사이에 정부가 강제로 개입하는 일은 대출의 원인과 결과를 분리하고 저축의 비효율적인 배분을 낳는다.

민간 대출자는 그런 행위에 깔려 있는 정치적 상징보다 대출의 재정적 결과에 더 영향을 받는다. 성공하는 모형을 고수하는 사업, 성과가 좋은 소유주가 운영하는 사업이 대출 상환율도 높다. 그 결과로 이런 사업계획은 대출자를 더 잘 끌어들인다. 자연의 선택이 보다 강인한 종을 낳는다는 다윈의 생각과 마찬가지로 이런 대출 원칙은 보다 건강한 회사와 보다 강한 경제를 만든다.

하지만 재정 성과가 부차적인 것이 되면 그렇게 되지 않는다. 필요한 기술혁신을 창출하거나 생산력을 확대하지 못하는 기업이나 개인에게 대출이 되면 저축을 허비함으로써 경제 전반을 약화시킨다.

또한 이 책 후반에서 보겠지만 통화공급을 계속 확대하고 정부적자를 무한정 늘린다면 유한한 저축공급 때문에 실제의 신용이 한계에 이른다는 사실을 숨겨 버린다.

이렇게 되면 사람들은 신용시장이 제대로 작동하기 위해 필요한 것은 차입자뿐이라고 가정한다. 하지만 다른 모든 자원과 마찬가지로 저축도 대출을 하려면 축적되어야 한다.

CHAPTER
4

경제의 확장

몇 주일이 지난 후 에이블과 베이커, 찰리는 새로 만든 자기 그물로 고기를 끌어 모아서 하루에 두 마리 식사가 가능해졌다. 하루에 한 마리만 겨우 먹던 그들이기에 하루에 두 마리 먹는다고 누가 비난할 수 있겠는가? 하지만 자기희생의 대가로 얻은 혜택을 경험했기에 그들은 소비할 수 있는 것 중에서 상당한 부분을 저축하기로 마음 먹었다. 즉 이틀에 하루씩은 한 마리만 먹기로 한 것이다.

깨어 있는 시간 내내 고기를 잡을 필요가 없어졌으므로 섬 사람들은 마침내 다른 생산활동과 여가활동을 할 자유가 생겼다. 에이블은 시간을 좀 들여 활동하기 좋고 멋진 야자수잎 옷을 만들었다. 베이커는 코코넛을 모아 요리를 개발하였고 찰리는 섬에서 첫 번째 오두막을 지었다.

일은 잘 풀려 갔는데 베이커는 더 발전할 가능성을 확신했다. "손 그물로도 생산을 늘릴 수 있다면 한 단계 높여서 산업화하면 어떨까?" 그는 보다 크고 더 좋은 자본장비를 꿈꾸었다.

베이커는 섬 경제에 혁명을 가져올 정교한 고기잡이 장치를 그려냈다. 그 장치는 한 방향으로만 열리는 문이 달린 그물인데 물 밑에 두고 밤이고 낮이고 계속 고기를 잡을 수 있다. 그렇다. 물고기가 들어올 수는 있지만 나갈 수는 없다. 이것이 제대로 작동하기만 하면 그들은 두 번 다시 고기 잡을 필요도 없다.

그런데 베이커는 이 복잡한 계획을 자기 혼자서는 이룰 수 없다는 사실을 깨달았다. 그는 필요한 재료와 그물 짜기, 틀

세우기, 끼워 맞추기를 생각했다. 그의 저축과 두뇌, 재능만으로는 이 거대한 사업을 이룰 수 없었다.

이런 생각이 들자 베이커는 합작을 제안하기로 했다. 세 사람이 회사를 만들어 한동안 적게 소비하고 저축을 한데 모아 일주일을 온통 건축에 쏟아 붓는 것이다.

베이커의 계획을 듣고 나서 그들은 잠재적인 위험에 대해 토론했다. 에이블의 첫 번째 그물처럼 이번 장치도 성공하리라는 보장이 없었다. 작동한다고 해도 그 장치가 거친 바다에서 처음 설치되자마자 끊어질지도 몰랐다. 그러나 잘만 되면 이번에 걸릴 고기는 단지 한 마리가 아니라 스무 마리도 넘었다!

더 많은 고기를 원하는 그들의 욕망이 저축을 잃을지도 모른다는 두려움을 압도했다.

그들은 앞으로 나아갔다.

엄청난 노력 끝에 세 사람은 섬 최초의 대형 고기그물을 만들어냈다. 그 그물은 예상한 대로 일 주일에 평균 서른 마리를 힘들이지 않고 끌어모았다. 약간의 수선과 유지관리를 제외하면 거의 자동이나 마찬가지다. 머지않아 그들은 물고기 속에서 헤엄치게 생겼다.

이 생산성 향상 덕분에 금세 쌓인 저축으로 세 사람은 곧 대형 고기그물을 하나 더 만들었다.

고기가 너무나 풍부해져서 그들은 모든 시간을 다른 사업에 쏟아 부을 수 있게 되었다.

찰리는 자기 저축으로 파도타
기판을 만들어서 멋진 여가활동
을 즐겼다.

에이블은 저축으로 의류회사
를 설립하여 자기 옷뿐 아니라
멋있게 보이려는 섬사람이면
누구를 위해서도 옷을 만들
어 주었다. 남는 시간에는 일
인 무대 작품을 진행했다.

베이커는 자유시간에 섬의
교통문제 해결에 몰두해서
섬 최초로 카누와 마차를 개
발했다.

저축은 한 사람의 지출 능력을 증대하는 수단만은 아니다. 저축은 예상 못한 사태에 대비하는 완충기능도 한다.

태풍이 섬을 강타하여 대형 고기그물을 모두 쓸어가 버렸다고 해보자. 오늘날 많은 경제학자는 자연재해를 경제에 활력을 불어넣는다고 생각하지만 사실은 홍수나 화재, 태풍, 지진은 재산을 파괴하고 생활수준을 낮춘다. 고기그물이 쓸려 가면 섬의 고기 생산은 줄어들고 에이블과 베이커, 찰리는 자본을 축적할 저축을 위해 소비를 줄여야 한다.

하지만 여분의 저축은 붕괴를 피하게 하고 파손된 자본을 즉시 재건할 수 있게 한다. 이런 이유로 에이블과 베이커, 찰리는 계속하여 적게 소비하고 만약의 사태에 대비하여 저축한다.

교훈

과거에는 미국이 저축자의 나라로 알려졌다. 미국 역사 대부분의 기간 동안 미국민은 해마다 소득의 10퍼센트 이상을 저축하는 것이 예사였다. 이런 절제는 성장하는 산업활동을 재정지원하는 저축을 형성했을 뿐 아니라 가계나 사회가 예상 못한 어려움을 견디도록 했다.

하지만 최근에는 경제학자들이 저축의 가치를 심각하게 훼손했다. 사실 저축을 방해물로 보는 경제학자도 많다. 케인즈 학파는 저축이 성장을 저해한다고 보는데 그 이유는 저축이 돈의 흐름을 차단하고 지출을 감소하기 때문이라고 한다. (케인즈 학파는 지출이 경제를 성장시키는 중요한 요소라고 본다.) 이런 생각에 영향 받은 정책결정자들은 지출자를 격려하고 저축자를 벌 주는 규칙을 제정했다.

그 결과 수년간 미국인은 벌어들인 것보다 더 많이 지출했다. 이런 일이 섬과 같은 자급자족 경제에서는 불가능하다. 하지만 현대 세계에서는 화폐가 국경을 넘어 흘러다니고 화폐 인쇄기 성능이 뛰어나서 다음과 같은 단순한 진리를 일시적으로 보지 못하는 사람이 많다. 그 진리란 우리가 생산한 것보다 더 많이 소비하거나 저축보다 더 많이 차입하는 일을 오랫동안은 지속할 수 없다는 것이다.

2008년 경제 역풍이 심해지기 시작할 때 정치가와 경제학자들은 소비자들에게 지출을 늘리고 저축을 줄이게 하는 수단을 의식적으로 찾았다. 그들은 거꾸로 갔다. 지출 자체를 위한 지출은 아무 의미가 없다. 그대가 백만 달러를 지출해도 공기밖에 사지 못한다면 무슨 소용이 있겠는가? 이런 사태가 어떻게 사회에 도움이 되겠는가? 공기를 그대에게 판 사람만 득을 볼 뿐이다. 그 사람은 이전에 그대가 갖고 있던 백만 달러를 가지게 될 것이다. 국내총생산GDP과 같은 현대 회계방식으로는 그런 거래도 분명 실제의 활동처럼 보일 것이고, 백만 달러만큼 경제가 성장한 것으로 계산할 것이다.

하지만 공기를 사는 행위는 경제 전체를 개선시키지 않는다. 공기는 언제나 거기 있었다. 지출이 가치 있기 위해서는 무엇인가가 반드시 생산되어야 한다.

지출은 우리가 생산을 측정하기 위해 사용하는 척도에 불과하다. 생산된 것은 무엇이든 궁극적으로 소비되기 마련이므로 지출이 진정 중요한 이유는 무엇인가? 아무도 원하지 않는 물건이라도 값이 충분히 떨어지면 소비될 것이다. 하지만 생산되지 않고서는 아무것도 소비될 수 없다. 가치를 더하는 것은 생산뿐이다.

저축은 생산을 높일 수 있는 자본을 창출한다. 그러므로 저축 1달러가 지출 1달러보다 경제에 더 긍정적인 효과를 낸다. 다만 이런 사실을 경제학자나 정치가에게는 설명하려 하지 마시라.

CHAPTER
5

번영의 중심, 회사

단순한 경제사회에서 작동하는 경제원리는 더 복잡한 사회에도 꼭 같이 적용된다.

자기 자신의 개인적 희생을 통해 자본을 창출하려고 하는 에이블의 처음 의지는 다른 섬 주민에게도 유익했다. 에이블의 신중한 대출제도 덕분에 섬 주민들은 손 그물을 많이 만들었고 그 다음엔 향상된 생산성을 이용하여 훨씬 더 효율적인 고기잡이 기계를 만들 자금을 마련했다. 향상된 생산성 덕분에 식생활 개선과 멋진 의복, 편리한 교통뿐 아니라 여가시간도 늘어나고 파도타기도 즐기게 되었다.

이런 전례 없는 풍요의 소문은 아직 손으로 고기를 잡으며 파도 타기 같은 것은 엄두도 못 내는 다른 섬에도 퍼졌다. 보다 나은 삶을 찾아 이민자들이 곧 도착했다. 섬의 높아진 생산성 덕분에 더 많은 인구를 먹여

살릴 수 있었고 그 덕분에 경제는 더 다양해졌다. 새로 이민 온 사람 중 일부는 대규모 고기 잡는 일에 종사했고 다른 사람들은 남는 고기를 빌려 땅을 개간하고 농사를 짓기 시작했다. 이렇게 하여 마침내 그들은 균형 잡힌 식생활을 하게 되었다. 또 어떤 사람은 대출을 받아 상업에 뛰어들기도 했다.

섬 경제가 다양화하자 곧 오두막 건축가도 생기고 카누 만드는 사람, 마차 만드는 사람 등이 생겼다.

섬 사회가 음식과 도구 생산을 너무 잘 하여 생계를 위해 어떤 물건도 만들 필요가 없는 사람이 생겨났다. 그 결과 서비스 부문이 탄생했다.

날 생선을 먹기 좋게 하기 위해 어떤 주민은 향료와 불을 사용하여 생선을 특별히 요리하는 법을 개발했다. 이 요리사의 기술은 매우 값지게 여겨졌으므로 먹기 좋은 음식과 조리 기술에 대해 물고기를 지급하는 어부와 오두막 건축가가 많아졌다.

다른 서비스 직종도 곧 이어 발전했다.

파도타기의 매력과 사회적 이득이 널리 알려져 찰리의 후손들은 파도타기 학교를 설립했다.

사회가 커지고 제공되는 상거래와 서비스가 많아짐에 따라 오두막 건축가나 요리사, 파도타기 강사에게 지급할 수 있도록 교환의 매개가 필요해졌다.

이제까지 섬은 하나의 물건이나 서비스를 다른 것과 거래하는 물물교환 제도로 운영되었다. 하지만 이 과정은 번거롭고 비효율적이었다. 창제조업자는 요리사를 원하지만 요리사는 창을 원하지 않을 수 있다. 그둘의 욕구가 비슷하다 해도 창 한 자루가 요리된 음식 몇 끼에 해당하는 가치가 있을까?

거래 성사가 우연일 수밖에 없는 이 제도를 대신하기 위해 섬은 무엇이든 살 수 있으며 누구나 받아주는 뭔가가, 즉 화폐가 필요했다.

이 섬에서는 모두가 고기를 먹었으므로 고기를 화폐로 사용하기로 결정했다.

곧 모든 임금과 물가가 고기로 표시되었다. 아직 하루 한 마리 고기가 생존 수준이었으므로 고기 한 마리는 모든 사람을 연관 지을 수 있는 가치를 가졌다. 이리하여 섬의 물가 체계는 고기의 실질(내재) 가치에 연결되었다.

효율성과 물가하락

노동자가 특정 상거래나 서비스에서 전문화할 수 있는 경제는 모든 사람이 같은 일을 하는 경제보다 항상 낫다. 전문화는 생산을 증대하고 생활수준도 높인다.

섬 주민이 카누를 만드는 데 보통 닷새 걸린다고 해보자. 모든 섬 주민이 하루에 고기 두 마리를 잡을 수 있다면 각 사람은 카누를 만들기 위해 고기 열 마리를 써야 한다. 그런데 더피라는 사람은 나무를 자르고 끌어오고 토막 내는 일을 잘하여 카누를 나흘 만에 만들 수 있다고 하자.

더피는 다른 사람들처럼 고기 잡는 대신 카누만 만드는 편이 훨씬 나을 것이다. 더피는 카누 만드는 데 자기 소득 중에서 고기 여덟 마리만 희생하면 되므로 자기가 만든 카누 하나에 아홉 마리를 매기면 이윤을 낼 수 있다. 더피는 전문화를 통해 자기 소득을 늘릴 수 있는 것이다.

이런 이점이 주어진 상태에서 다른 섬 사람들은 더피의 카누를 아홉 마리 고기로 사는 편이 현명하다. (자기가 직접 만들면 자기 소득 고기 열 마리를 포기해야 한다.) 전문가에게 아홉 마리만 지급함으로써 한 마리를 절약할 수 있는 것이다.

그런데 아홉 마리가 좀 비싼 가격이라고 해보자. 아무튼 빈둥거리기만 해서는 그렇게 많은 고기를 가질 수 없지 않은가? 그 가격으로는 가장 부유한 사람만 새 카누를 살 여유가 있다. 그만한 수준의 저축이 없는 사람은 그렇게 될 때까

지 수영으로 만족할 수밖에 없다.

그런데 몇 년 동안 통나무를 바위와 날카로운 조개로 자르고 모양내기를 해온 더피가 축적된 저축으로 카누 제작에 특화된 기계를 만들었다고 해보자. 몇 세대 전의 에이블처럼 더피는 자본재(도구)를 만들기 위해 소비를 줄였다.

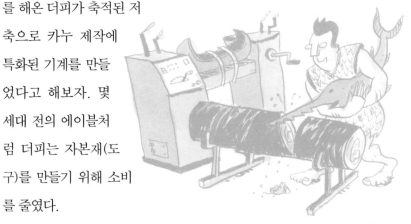

좋은 장비 덕분에 더피는 카누 만드는 시간을 이틀로 줄였다고 상상해보자. 이 효율성 증대로 더피는 카누 가격을 고기 여덟 마리가 아니라 네 마리만 매겨도 본전을 맞추게 된다. 이전보다 두 배로 많이 생산할 수 있게 되었고, 카누 가격을 (아홉 마리에서) 여섯 마리로 낮추더라도 카누 한 대당 이윤이 더 많아질 터이다(한 대당 한 마리가 아니라 두 마리).

이 생산성 향상으로 덕을 본 것은 더피만이 아니고 모든 섬 사람이다. 여섯 마리 가격이라면 살 수 있는 사람이 더 많을 것이고 더피의 고객층이 두터워질 것이다.

이 향상된 효율성(저축과 기술혁신, 투자로 가능해진)의 결과 카누 가격이 내렸고 카누를 소유할 수 있는 구매층이 넓어졌다. 한때 부유층의 사치품이던 것이 이제는 모든 사람에게 일상재가 되었다.

앞 이야기에서 알 수 있듯이 가격 하락이 더피에게 나쁜 것은 아니다. 사실 다른 산업에서도 비슷한 생산성 향상으로 모든 물건 값이 내리면 더피가 벌어들인 고기로 더 많은 물건을 살 수 있게 된다.

기술혁신은 일방통행 과정이다. 사람이 이미 알고 있는 것을 잊지 않는다면 효율성은 언제나 쌓여 간다. 그 결과 물가는 시간이 흐르면서 하락하게 된다.

물가가 줄곧 하락하면 섬 사람은 자기 고기가 지금보다 미래에 더 많은 물건을 살 수 있다는 사실을 이해하기 시작하면서 저축을 장려하게 될 것이다. 이상하게 들리지만 저축한 한 마리는 실은 벌어들인 한 마리와 같다. 이 사실이 저축을 장려하고 그렇게 함으로써 대출할 수 있는 자본 양을 늘린다.

고용

사회가 점점 복잡해짐에 따라 자기 노동을 임금과 교환함으로써 다른 이를 위해 일하려는 주민이 많아진다.

노동의 가치는 언제나 자본 사용에 비례한다. 자본이 좋을수록 노동도 가치가 커진다. 예를 들면 꼭 같은 정도로 열심히 일하더라도 삽으로 하는 것보다 불도저로 하는 편이 더 큰 구멍을 팔 수 있다. 따라서 최상의 자본으로 일하는 편이 제일 낫다.

자유사회에서는 모든 주민이 자기 노동의 가치를 확대하기 위해 누구의 자본을 사용할 것인지 스스로 정한다. 그물을 사용하지 않고 (아마도 예술적 이유 때문에) 고기를 잡기로 한 사람을 제외하면 어느 노동자이건 다음 세 가지 중에서 자유로이 선택할 것이다.

- 그물을 만들기 위해 소비를 줄인다.
- 그물을 사기 위해 대출을 받는다.
- 그물 가진 사람을 위해 일한다.

첫 번째 가능성은 소비를 줄여야 하고 두 번째 가능성은 위험이 따르므로 노동자 대부분은 세 번째 가능성을 선택한다. 그렇게 하면 그들은 임금을 지급 받는다.

예를 들어, 섬에 새로 이민 온 피니건은 힘이 매우 세다. 그의 재능을 고기잡이에 허비하는 대신 고기 운반에 전념하기로 했다. 피니건은 자기 힘만으로 하루에 백 마리를 해안에서 오두막까지 운반할 수 있다. 2퍼센트의 운송료로 피니건은 혼자 힘으로 하루에 고기 두 마리를 벌 수 있었다.

하지만 대출을 받아 수레를 만든 '머레이 수레회사'는 힘든 경쟁 상대였다. 머레이는 피니건보다 힘이 약하지만 자신의 수레를 이용하여 하루에 삼백 마리를 운반할 수 있었다. 머레이는 자기 생산성이 높으므로 1퍼센트만의 운송료를 부과했는데도 하루에 세 마리를 벌었다. 머레이는 자본 덕분에 피니건보다 낮은 운송료로도 더 많이 벌 수 있었던 셈이다.

피니건은 자기 자본이 없어서 힘든 처지였다.

머레이는 건장한 피니건이 수레를 이용하면 하루에 사백 마리를 운반할 수 있으리라 생각하니 기회가 있음을 눈치 챘다. 피니건은 수레를 이용하여 하루에 네 마리를 벌 수 있으므로(1퍼센트 운송료를 적용하여) 머레이는 피니건을 고용하는 대가로 하루에 세 마리 임금을 제시했다. 나머지 한 마리는 머레이의 이윤이 될 수 있었다.

피니건이 그 직업을 잡으면 그는 생산성을 높이고 운송료는 낮추어 혼자 버는 것보다 더 많이 벌게 된다.

머레이는 하루 한 마리의 이윤으로 자기가 직접 고기 운반을 하는 대신 수레를 많이 만드는 데 집중할 수 있으며 운반 직원을 고용하여 사업을 확장할 수 있을 것이다. 그러는 동안 수레가 많아져서 모든 사람에게 운송료도 낮아질 것이다.

피니건은 일하는 동안 어느 시점에 이르면 소득을 저축하여 자신의 수레를 만들어 이전 상사와 경쟁할 수 있다. 이런 사태가 발생하지 못하도록 하기 위해서는 머레이가 피니건에게 회사를 차려서 버는 것보다 더 많은 봉급을, 즉 회사를 떠나지 못하도록 할 만큼은 주어야 한다.

하지만 이 모든 일의 유일한 동기는 머레이의 이윤 가능성이다. 머레이는 피니건을 도울 의도는 없는데 본의 아니게 돕게 된 것이다. 그 결과로 노동자는 더 나은 대우를 받게 되고 모든 사람은 더 낮은 운송료라는 혜택을 누린다.

오늘날 경제학에서 물가하락을 안 좋은 것으로 여기는 것(그리고 상대적으로 물가상승을 수용하는 것)만큼 선전이 승리한 예는 없다. 경제학자와 정치가에게 전반적인 물가하락으로 정의되는 디플레이션은 경제학의 흑사병과 같다. 물가가 하락할 기미가 조금만 보여도 정부는 물가를 끌어올릴 정책을 시행한다.

하지만 물가하락이 뭐가 잘못되었는가? 우리는 물가가 꾸준히 상승하는 데 너무 익숙해져서 미국에서 1700년대 말부터 1913년까지 거의 150년 동안 물가가 꾸준히 하락했다는 사실을 알면 모두가 놀랄 것이다. 하지만 그 기간 동안 역사상 가장 빠른 경제성장이 일어났다. 이것이 가능했던 것은 이 장에서 설명한 바로 그 이유, 즉 효율성의 증대다. 효율성이 안정적인 통화공급(연준이 설립되기 전까지 미국에 존재한)과 결합하면 물가는 하락한다.

산업혁명의 광범한 생산성 증대 덕분에 노동자 계층도 이전에는 부자들만 가질 수 있던 천 씌운 가구와, 맞춤 옷, 배관, 바퀴를 이용한 교통수단 같은 온갖 종류의 물건들을 누릴 수 있게 되었다. 물가하락이란 1850년에 저축한 백 달러로 1880년에는 더 많은 재화나 서비스를 구매할 수 있다는 것을 의미한다. 이것이 왜 좋은 일이 아닌가? 우리의 조부모는 자기가 어릴 때 물건이 얼마나 쌌던가를 습관적으로 지적하지만, 그들 자신의 조부모는 그들이 어릴 때 물건이 얼마나 비쌌던가를 얘기하곤 했다.

낮은 물가가 이처럼 나음에도 우리는 아직 물가하락을 두려워한다. 물가가 하락하면 사람들은 구매를 멈추고 회사는 지출을 그만두며 근로자는 자기 직업을 잃고 우리는 모두 경제 암흑시대로 돌아갈 것이라고들 한다.

하지만 우리는 물가하락 때문에 어떤 산업이 멈춘 적은 없었음을 수없이 보아왔다. 20세기 초 헨리 포드 Henry Ford 는 부를 얻었고 포드의 직원들은 자동차 산업에서 봉급을 가장 많이 받았는데, 이는 자동차 가격을 꾸준히 낮춤으로써 가능한 일이었다. 보다 최근에는 컴퓨터 산업에서 생산품 가격이 엄청나게 하락했음에도 많은 돈을 벌었다. 컴퓨터 혁명은 추락하는 가격에도 불구하고 사그라들지 않는다. 디자인과 제작 면에서의 효율성 증대로 매년 수백만 명이 점점 더 적은 돈으로 디지털의 경이를 체험한다.

이런 사실에도 불구하고 많은 사람은 디플레이션이 그런 대로 괜찮은 것은 한 산업에 국한할 경우뿐이라고 가정한다. 왜 그럴까? 현대 경제학자들은 지출이 성장을 주도하며 물가가 하락할 때는 사람들이 구매를 늦추는 경향이 있다고(그럼으로써 물가는 하락한다고) 가정하지만 이는 틀렸다. 또 사람들이 지출을 하면 하락한 물가 때문에 생기는 경제적 충격이 작다고 한다. 이것은 얼토당토않다.

앞에서 말했듯이 지출은 아무것도 아니다. 중요한 것은 생산이다. 사람들에게 지출하라고 설득할 필요는 없다. 인간의 수요는 본질적으로 끝이 없으므로 사람이 뭔가를 원하지 않는다면 거기에는 그럴

만한 이유가 있기 마련이다. 상품이 좋지 않든지 소비자가 단지 그것을 살 능력이 없든지. 어느 경우이든 구매를 연기하는 것, 즉 지출 대신 저축하는 것은 합리적인 이유로 하는 행동이며 경제 전체에 유익하다.

사실 소비자가 지출하지 않는다면 수요를 자극하는 최선의 방법은 구매 가능한 수준까지 가격을 낮추는 것이다. 샘 월튼 Sam Walton 은 이 단순한 개념으로 수십 억 달러를 벌었다.

물가하락이 해롭지 않음을 증명하는 수많은 증거에도 불구하고 디플레이션은 여전히 경제학의 제1의 적이다. 이것은 디플레이션의 반대인 인플레이션이 모든 정치가의 가장 좋은 친구이기 때문이다. 이 점은 나중에 다룬다.

CHAPTER 6

은행의 등장

섬의 물고기 저축이 증가함에 따라 보관이 문제가 되었다. 전통적으로 사람들은 고기를 자기 오두막에 보관했지만 이것은 너무나 비효율적이고 위험했다. 고기 도둑이 큰 문제였다.

그리고 섬 주민들은 자기 여분의 저축을 대출과 투자를 통해 불리고 싶었지만 제안을 받은 사업의 장점을 판단할 능력도 시간도 없었다.

맥스 굿뱅크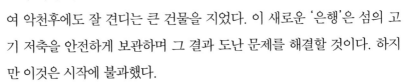Max Goodbank라는 사람이 탄탄한 사업 기
회를 감지하고 혁신적인 서비스를 시작했다.

맥스는 자기 고기를 수년간 저장하고 나니 저
축을 보관하는 더 나은 방법이 필요하다고 생
각했다. 맥스는 많은 이웃이 교묘한 차입자
들에게 사기 당하는 것을 본 후 저축을 어떻
게 대출할지 결정하는 데 도움이 필요한 사
람이 많다고 생각했다. 이렇게 생각한 그
는 섬에서 가장 거친 어리보기들을 고용하
여 악천후에도 잘 견디는 큰 건물을 지었다. 이 새로운 '은행'은 섬의 고
기 저축을 안전하게 보관하며 그 결과 도난 문제를 해결할 것이다. 하지
만 이것은 시작에 불과했다.

맥스는 진정한 사업가로서 보관료만이 전부라면 이윤 가능성이 그다
지 크지 않을 것이라고 생각했다.

그는 저축의 가치를 이해했고 보통 사람보다 대출을 더 잘할 수 있다고 생각했다. 맥스는 최고 수준의 수학자로서 사업 계획 평가와 공정한 대출상품 구성을 특히 잘했다.

이웃에게서 대출받은 고기로 맥스는 예금자에게 이자를 지급하고 직원에게 임금을 주며 나머지 이윤은 자기가 가질 것이다.

이렇게 하여 굿뱅크 저축대부조합이 탄생했다!

에이블과 더피처럼 맥스도 처음에는 자기 재산을 늘리는 데만 관심이 있었다. 하지만 그러는 과정에서 그는 저축과 신용, 도난이라는 섬의 골치 아픈 문제를 해결하는 데 도움을 주었다.

이제 섬의 '에이블들'은 자기가 소비를 줄이는 동안 고기 저축을 굿뱅크의 은행에 예금함으로써 투자 책임을 굿뱅크에게 위임한다.

사업자본을 조달하기 위해 대출이 필요한 사람은 고기더미 위에 앉아 있는 누군가를 찾는 대신 굿뱅크 씨만 만나면 되었다.

이 제도가 작동하기 위해서 맥스는 여러 개의 공을 동시에 공중에 떠 있게 해야 했다. 첫째 맥스는 대출사업이 이윤을 남기도록 해야 했는데 이는 차입자를 신중하게 선별하고 이자를 양심적으로 걷으며 대출이 실패할 경우에 대비해 담보 잡는 것을 의미했다. 둘째 맥스는 예금주들에게 정기적으로 이자를 지급함으로써 그들을 행복하게 해야 했다. 마지막으로 맥스는 이 순환과정이 계속 돌아가도록 차입자를 더 많이 끌어들여야 했다. 그렇게 하지 못하면 그는 일거리를 잃게 되고 투자한 돈은 허사가 된다.

맥스는 효율적이며 이윤 내는 대출과 관련한 일에 전문적인 능력을 가졌으므로 섬에서 고기 경제학의 최고 전문가가 되었다. 덜 전문화된 대출자가 개인적 이력이나 가족관계, 감정 같은 요소에 영향 받는 것과 달리 굿뱅크에게는 모든 것이 달러와 센트, 즉 비늘과 지느러미로 귀착되었다.

금리

맥스 개인의 복리와 은행의 성공이 깊이 연관되어 있으므로 맥스는 예금자에게 지급할 금리와 차입자에게 부과할 금리를 결정하기에 가장 적합한 인물이었다.

대출 면에서 맥스는 가장 안전한 차입자(대출 상환 능력이 가장 높은 자)에게 가장 낮은 금리를 제시했다. 위험성이

높은 차입자에게는 추가된 위험을 만회하고
자 높은 금리를 매겼다.

그러고 나면 이 대출 금리에 따라
은행이 예금자에게 지급할 금리 수준
이 정해졌는데, 이 경우도 비슷한 차
등금리 구조를 적용했다. 자기 고기
를 오랫동안 예금으로 두고자 하는
장기 예금자에게는 고기 부족이라는 은행 위험을 낮춘 대가로 높은 금리
를 제시했다. 장기간 예금할 수 없는 사람에게는 낮은 금리를 지급했다.

굿뱅크가 금리를 조절하긴 했지만 전반적인 금리 체계 자체는 굿뱅크
가 통제할 수 없는 시장 조건에 따라 변동되었다.

때때로 생산성이 크게 향상
되면 섬 저축이 늘어났다. 금
고가 서까래까지 고기로 가득
차면 은행은 대출 금리를 떨
어뜨리게 된다. 왜냐하면 손
실이 상대적으로 견디기 쉬
워질 것이며 애초에 저축을
형성한 튼튼한 경제가 새로
운 사업을 위한 비옥한 풍토
를 제공할 것이기 때문이다.

새로운 저축을 끌어들일 필요가 거의 없고 차입자에게 낮은 금리를 부과하는 상황에서는 예금자에게 낮은 이자를 지급하게 되므로 저축이 줄어든다.

저축이 줄면(이것은 경제에 위험한데) 반대 힘이 작용하여 저축을 독려하게 되고 은행 금고는 다시 차오르게 된다.

고기가 적을 때 굿뱅크는 대출에 각별히 주의해야 한다. 준비금이 적으므로 대출 부도는 치명적이다. 상대적으로 커진 위험을 상쇄하기 위해 맥스는 차입자에게 높은 금리를 부과하고 저축을 더 많이 끌어 모으기 위해 예금자에게 높은 금리를 제시했다.

높은 금리는 차입을 적게 하고 사업 성장을 늦추는 반면 저축을 독려한다. 이윽고 금고는 다시 차게 되고 금리는 떨어지기 시작한다.

게다가 낮은 저축 이율은 즉각적인 소비 선호로 나타난다. 그 결과 미래 소비를 위한 재화 제공에 쓰일 장기 자본 투자는 줄어들게 된다.

은행 예금의 수익률을 극대화하려는 욕구와 위험한 사업에 대한 자본 손실의 두려움, 소비에 대한 개인의 시간 선호로 이루어진 이런 금리 등락 구조는 시장을 안정시킨다.

가장 중요한 점은 은행의 안전과 편리함이 사람들에게 저축을 하도록 한다는 사실이다. 소비를 나중으로 미룸으로써 장래 생산을 증가시키고 생활수준을 높일 자본재 사업에 대한 자금 제공이 가능해진다.

굿뱅크 씨의 지혜와 신중함 덕분에 섬의 저축과 상업은 계속 성장했다.

고위험 투자

굿뱅크 씨는 예금자에게 계속 금리를 지급해야 하므로 부도 가능성이 높은 대출은 피하려 한다. 그는 섬 주민의 저축을 휴가 대출이나 소비 대출에 사용하지 않았다. 그리고 허황된 약속만 하면서 성공에 대한 현실적 조건은 제시하지 못하는 아이디어에도 대출하지 않았다.

그런데 큰 보상을 노리고 큰 위험을 지려는 저축자도 있었다. 간혹 군침 도는 혁신사업 제안도 있었지만 어쨌든 은행이 자금을 대기에는 위험이 너무 컸다.

새총 비행사는 섬 사이의 여행을 혁신할 아이디어를 내놓았다.

하지만 굿뱅크는 아니나 다를까 그걸 입질하지 않았다.

그렇다고 해서 새총 비행의 후원자가 전혀 없는 것은 아니었다.

화려한 고기 재벌 매니 펀드 Manny Fund 가 운용하는 새 투자사가 나타났다. 매니는 굿뱅크가 지급하는 고만고만한 수익률에 만족하지 않는 저축자에게서 고기를 모았다.

이 고기로 그는 고수익 사업에 주사위를 던졌다.

그가 자금을 댄 사업 중에는 파라다이스 음료회사처럼 성공한 것도 있고 블럽머린 해저 여행사처럼 실패한 것도 있다.

이리하여 굿뱅크는 안전한 투자를 통한 자본 형성에 자금을 대는 반면 매니 펀드는 위험을 수용하는 사람들의 선택이 되었다.

정부는 특정 형태의 대출과 특정 차입자에게 유리한 법을 통과시킴으로써 신용시장을 왜곡할 뿐 아니라 더 기본적인 방식인 금리 통제를 통해 신용 흐름에 영향을 주기도 한다. 연방준비제도이사회(이론상으로는 민간은행이지만 실제로는 재무부의 연장)는 거의 백 년 동안 금리체계 전체를 결정짓는 이자율의 기본 수준을 정해 왔다.

연준은 모든 대출에 대해 은행이 제시하는 특정 금리를 강제하지는 않지만 연방기금 금리를 높이거나 낮춤으로써 시장 전체를 부양하거나 억제한다. 은행들은 연준에서 차입할 때 지급하는 것보다 더 높은 금리를 대중에게 부과하기 마련이다. 그러므로 연준이 금리를 올리거나 내리면 기업이나 개인은 차입 이자를 더 내거나 덜 내게 된다.

연준이 이런 권한을 가진 것은 호경기나 불경기에 경제를 완만하게 유지하기 위해서다. 이론상으로는 연준 경제학자들의 집단 지혜가 특정 시점에서 최적 금리를 정함으로써 경제를 제대로 돌아가게 하는 데 도움을 준다고 한다.

예를 들면 연준은 기업과 소비자가 더 많이 차입하고 싶은 수준까지 금리를 내림으로써 침체에 빠진 경제에 활력을 불어넣을 수 있을 것이다. 한편 지나친 확신이 어리석은 결정을 내리도록 하는 호경기에는 연준이 금리를 올림으로써 대출을 재고하게 할 것이다.

그런데 이 제도는 두 가지 결정적인 약점이 있다.

첫째, 이 제도가 가정하는 바는 금리의 적정 수준에 대해 연준의 소수가 독립적인 의사결정을 하는 수백만의 사람들('시장'이라고 부르는)보다 더 나은 결정을 한다는 것이다. 하지만 연준은 대출 게임에 이해관계가 없다. 연준은 저축을 창출하지도 않고 회수불능 대출에도 피해가 없다. 저축하는 것은 사람이고 은행 이윤도 은행이 얼마나 현명하게 관리하느냐에 달려 있다. 이 연결고리가 없다면 대출은 본질상 비효율적이다.

둘째, 연준의 결정은 언제나 경제논리보다 정치논리에 따른다. 낮은 금리는 경제를 표면상 좋아 보이게 하고 주택대부를 비롯한 각종 대출의 비용을 낮추며 금융회사가 돈을 잘 벌게 하므로 많은 사람이 저금리를 좋아한다. 재선을 노리는 대통령은 언제나 저금리를 찬동하며 연준에게 도와달라고 압력을 넣는다. 연준의 정책 결정자들은 경제를 돕는 좋은 사람으로 보이고 싶지, 경제를 침체에 밀어 넣는 구두쇠 스크루지로 보이고 싶어하지 않는다.

저축자와 같이 높은 금리를 선호하는 사회 구성원은 조직된 이해집단이 아니다. 그들의 목소리는 들리지 않는다. 그 결과 금리를 지나치게 낮게 유지하려는 편향이 일관되게 존재한다. 저금리는 차입을 부추기고 저축을 저해한다는 사실을 기억하라. 미국이 저축자의 나라에서 차입자의 나라로 변모한 것은 놀라운 일이 아니다.

게다가 저축 공급에 비해 지나치게 낮은 금리는 경제의 건전성과 투자의 성공 가능성에 대해 잘못된 신호를 차입자에게 보낸다. 소비가 장래로 연기되지 않으므로(시장의 작용에 따라 금리가 떨어지면 그렇게 될 테지만) 장래 소비를 충족할 자본투자는 성공할 가능성이 훨씬 작아진다. 그 결과는 주식과 부동산에서 최근 경험한 바와 같이 작은 호경기에 뒤에 오는 대규모 침체다.

CHAPTER
7

사회기반시설과 무역

섬 주민은 전통적으로 마실 물을 산 개울에서 길어서 자기가 만든 그릇에 담아 오두막으로 가져온다.

그래서 집이나 일터는 대부분 물에서 가까운 곳에 있다. 물이 멀면 농사짓기도 어렵다. 이런 현실 때문에 섬 전체의 생산성이 제한받았다.

어느 해 가뭄이 심해서 산 개울이 많이 말라 버렸다. 역경은 정말 모두를 힘들게 했다.

섬 주민들은 앞으로 올 재앙을 피할 해결책을 찾아 나섰다.

지혜로운 어부 에이블 5세(에이블의 5대 손)가 이 문제에 도전했다. 그는 땅 위를 흐르는 빗물이 연못에 모인다는 사실을 알았다. 자연에서 얻은 이 실마리로 그는 빗물을 모아서 장래에 쓸 수 있게 저장하는 저수지를 고안했다. 하지만 이것은 섬 전체에 물을 공급하는 대규모 사업이다.

에이블 5세가 생각한 대로 저수지 사업은 182,500마리의 물고기 운전자본이 필요한데, 이는 250명을 2년 동안 먹이기에 충분한 양이다. 에이블 5세는 대출을 받으러 매니 펀드를 찾아갔다. 매니는 그 아이디어가 좋았지만 그렇게 많은 고기가 없었다. 그 다음 에이블 5세는 은행 문을 두드렸다.

놀랍게도 맥신 굿뱅크(이도 굿뱅크 씨의 자손이다)는 에이블 5세의 이야기를 경청했다! 잠재적 보상에 견주어 가격이 높았지만 위험은 감내할 수준이었다. 사업이 성공하면 비용은 보전될 것이고 섬 주민 모두에게 보다 나은 장래를 보장해 줄 것이다.

하지만 굿뱅크가 아무리 그 사업안을 마음에 들어 해도 섬이 그만큼 고기를 저축하지 않았다면 그 사업에 자금을 조달할 수 없었을 것이다. 즉 250명을 2년간 먹여 줄 여분의 고기는 없었을 터이다.

저수지는 완공되자마자 예견한 대로 작동했고 차입자에게 원금과 이자를 돌려줄 수 있었다.

섬 주민들은 기꺼이 수돗물 요금을 고기로 지급했다. 수도회사는 받은 요금으로 섬세한 대나무 관 설비를 관리하는 데 일 년에 백 명도 넘는 노동자를 고용했다.

수도회사의 엄청난 성공은 섬 경제에 퍼져 나갔다. 적당한 요금으로 사용할 수 있는 관은 물을 멀리까지 운반했으며 척박한 땅에서 수확이 나도록 했다.

안정적인 물 흐름은 기계를 돌리는 데 이용할 수 있어서 새로운 산업들이 탄생했다.

손으로 물을 나르는 고역에서 해방되어 모두는 소비재 생산과 새로운 자본재 개발에 시간을 더 낼 수 있게 되었다. 생산성이 향상된 덕분에 더 많은 고기를 잡게 되었고 생활수준은 더 높아졌다.

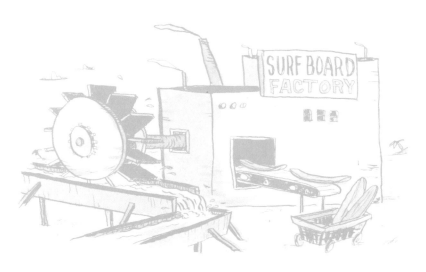

무역

섬 경제가 확대됨에 따라 해외에 수출할 여력도 커졌다. 곧 대형 화물 카누들이 고기와 수레, 파도타기 판, 창, 카누를 가득 싣고 넓은 바다를 항해했다. 품질과 풍부함으로 명성을 널리 얻은 이런 상품들 대신 화물 카누들은 이전에 모르던 신선 생선과 다른 무역품을 싣고 돌아왔다.

섬의 탐험가들이 다른 섬들과 접촉함에 따라 무역은 발전했고 성장은 더욱 박차를 가했다. 자유무역은 방해받지 않고 번성하도록 허용하면 모두에게 유익이 된다.

어떤 섬(도시나 나라, 사람도 마찬가지)은 다른 섬이 가지지 못한 뭔가를 상대적으로 풍부하게 갖고 있다. 각 사람이나 나라, 섬은 자연히 최대의 보상을 얻기 위해 자기의 강점을 활용한다.

예를 들면 가까운 섬 봉고비아^{Bongobia}에는 많은 봉고가 있다. 원주민은 봉고 제작기술이 완벽했고 그 섬은 봉고 만들기에 최적인 나무가 많이 자랐다. 그 결과 그 섬에는 봉고가 너무 많아서 북 하나의 가치가 크지 않았다. 국내 거래에서는 봉고 두 개도 별로 비싸지 않았다.

봉고비아에서 100킬로미터 떨어진 더비쉬아^{Dervishia} 섬에는 봉고에 마음을 빼앗긴 원주민이 살았다. 불행히도 환경이 봉고 만들기에 적합한 나무가 없었다. 그 결과 더비쉬아에는 봉고가 귀했고 가치 있는 교역재였다. 더비쉬아에 풍부한 것은 코코넛 기름이었다. 하지만 피부가 검은 더비쉬아 인은 자외선으로부터 보호받는 게 필요하지 않았고 선탠유는 아무 소용이 없었다.

하지만 운명의 장난이랄까, 피부가 고운 봉고비아 인은 섬의 강렬한 햇볕 때문에 만성적으로 햇볕에 타는 고통을 겪었다.

이 두 섬이 마침내 서로 접촉하게 되자 즉시 봉고와 선탠유 교역이 탄탄하게 발전했다. 각 섬은 경쟁우위를 이용하여 자기 섬보다 다른 섬에서 더 가치를 인정받는 상품을 내보냈다. 이 상호의존적 교역으로 두 섬 모두가 이득을 보았다. 생활수준은 향상되고 모두가 행복해졌다.

　국가 수준의 무역도 개인 수준의 노동 전문화와 다르지 않다. 각 개인
이나 국가는 자기가 풍부하게 가지고 있는 것, 즉 자기가 제일 잘하는 것
과 자기가 가지고 있지 않은 것, 즉 쉽게 만들지 못하는 것을 교환한다.

섬 공동체가 세 사나이만이 손으로 고기 잡던 때보다 훨씬 커져서 경제학도 바뀐 듯이 보일지 몰라도 과연 경제학이 달라졌는가?

수학 원리가 문제의 크기에 따라 달라지지 않듯이 기본 경제 원리도 경제의 크기에 따라 달라지지 않는다. 기본 원리가 저축자와 차입자 사이에 존재하는 많은 층 때문에 보기 어려워졌을 뿐이다. 하지만 자기희생과 저축, 신용, 투자, 경제적 유인, 사회 경제적 진보 사이의 관계는 언제나 변함이 없다.

사회기반시설을 위한 지출은 경제에 큰 파급력이 있지만 이득이 비용보다 클 경우에만 유익하다. 비용이 이득보다 크다면 그 사업은 자원을 낭비하고 성장을 저해할 뿐이다.

지금 많은 정치가와 경제학자는 사회기반시설 지출을 장기에 이득을 가져올 단기 비용으로 보지 않고 일자리를 창출하고 경제를 활성화하는 단기 처방으로 보는데, 이는 잘못이다. 이런 견해는 자원을 잘못 배분하고 다른 영역에서의 잠재적인 일자리를 없앨 수 있다.

지난 반 세기 동안 미국에서는 사회기반시설 투자가 턱없이 적었는데 그것을 만회하려는 비용이 지금 경제에 부담이 되고 있다. 그 성과는 장래에 나타나는데, 그것도 성공할 경우에만 그렇다.

우리 이야기에서 수도회사를 건설하기 위해 차입한 고기 182,500마리는 다른 일자리 창출 투자의 자금으로는 더 이상 사용할 수 없다. 그 많은 고기는 큰 기회다. 그것이 알래스카의 유명한 '아무 곳에도 이르지 않는 다리' 같은 가치 없는 사회기반시설 사업에 지출된다면 섬의 저축은 허비되고 250명의 주민이 2년 동안 헛수고한 셈이 된다.

미국 역사 초기에는 수도회사와 같은 사업이 종종 민간 주도로 이루어졌다. 하지만 이런 사업의 성공 여부가 본질상 예측 불가능하므로 오늘날처럼 정부 만능 시대에는 이윤에 따라 움직이는 민간회사가 그런 사업의 자금 조달과 건설, 운영을 도맡는다는 것은 생각할 수도 없다. 하지만 당시에는 그랬다.

예를 들면 뉴욕시 지하철은 민간회사가 대부분 건설했으며 40년 가량 시 외부에서 운영되었다. 엄청난 건설비용에도 불구하고 지하철 운행은 이윤을 냈을 뿐 아니라 운임도 40년 동안 오르지 않았다.

오늘날에는 하수도나 고속도로, 운하, 다리처럼 모든 시민에게 혜택을 주는 공공시설은 정부가 운영해야 한다고 유권자에게 설득하기 쉽다. 이윤만을 추구하는 민간회사에게 맡길 경우 여차하면 대중을 이용하려 들 것이라고 정치가들은 주장해 왔다.

이런 주장을 뒷받침하는 증거는 다분히 감정적이다. 훨씬 더 분명한 사실은 공공사업을 정부가 독점지배하면 거의 언제나 비효율과 타락, 뇌물, 부패로 끝난다는 것이다. 정부사업이 비용초과나 부실한 운영이 되더라도 자유시장 원리가 구원하러 오지 않는다. 정부가 그 간극을 메우기 위해 세금을 올리고 그 결과 사회 자원이 낭비되며 생활수준은 떨어진다.

무역도 비슷한 오해에 시달린다. 자유무역에 반대하는 사람은 해외 경쟁으로부터 미국 내 직장을 보호하려는 과정에서, 제한된 선택으로 소비자가 무는 숨은 비용과 수입의 이득을 무시한다. 예를 들어 외국 제조업체가 티셔츠를 미국 내 생산보다 싸게 미국에 들여온다면 미국인은 티셔츠에 적은 돈을 지출하게 된다. 절약한 돈은 스케이트보드 같은 다른 물건에 지출할 수 있다. 이렇게 되면 미국 내에 있는 그 분야 최고의 제품을 만드는 스케이트보드 회사가 혜택을 본다.

하지만 자기 직업을 잃게 된 국내 티셔츠 회사 직원은 어떻게 되나? 회사가 티셔츠 사업에서 좀 더 효과적으로 경쟁하는 길을 찾지 못하면 직원은 다른 일을 찾아야 할 것이다. 하지만 한 경제의 목표는 단순히 직장을 제공하는 것이 아니라 노동생산성을 극대화하는 직장을 창출하는 것이다.

사회 전체가 노동과 자본을 계속해서 비효율적으로 사용한다면 이득이 없다. 미국이 티셔츠에서 경쟁우위가 없다면 경쟁우위가 있는 다른 분야를 찾아야 한다. 경쟁력 없는 직업을 보호하려고 무역장벽이 세워지면 티셔츠의 비용은 높게 유지된다. 사람들은 (예컨대) 스케이트보드에 지출할 돈이 적어지고 스케이트보드 제조업체는 힘들 것이다. 보호받는 직업에 대해서는 이해하기 쉽지만, 아직 만들어지지 않은 직업은 보이지 않는다.

다른 나라가 더 효율적으로 만들 수 있는 물건을 만들려고 우리 노동을 낭비하는 것은 어처구니없는 일이다. 누구보다 더 효율적으로 만들 수 있는 상품에만 집중하면 그 상품을 다른 사람이 더 잘 만드는 것과 바꿀 수 있다. 결국 우리는 더 많은 물건을 갖게 된다.

물론 문제는 인위적으로 고평가된 통화와 높은 세금, 제약을 받는 임금과 노동 관련 법률 때문에 경쟁력 있는 상품군이 많지 않다는 사실이다. 이것은 바꾸어야 한다.

CHAPTER
8

국가의 탄생

처음부터 섬에 정부가 있었던 것은 아니다. 먹고 살기에도 빠듯했으니까. 오랜 친구인 에이블과 베이커, 찰리는 논쟁이 생기면 좋게좋게 해결했다. 하지만 단순한 사회가 복잡해짐에 따라 중앙의 권위가 어느 정도 필요해졌다.

섬에 사람이 늘어나자 오해가 많이 생겨났다. 말로 해결되지 않을 때는 창이 해결 수단으로 등장했다.

조직화된 방위체계가 없는 상태에서 생선도둑 무리가 종종 약탈을 해서 섬 주민은 사는 게 힘들어졌다.

봉고비아 사람들도 심심찮게 침입하곤 했는데 이들은 북만 잘 두드리는 게 아니라 약탈도 잔인하게 했다. 봉고비아 사람들이 광기를 발휘하면 저축한 고기가 남아나지 않았다.

섬 주민은 상호 보호와 안전을 위해 확실히 뭉쳐야 했다. 지도력이 필요했다. 하지만 권력을 넘겨주는 것은 언제나 위험하다. 권력은 일단 주고나면 거의 언제나 남용된다.

자만심 많은 추장이나 그외 다른 패배자를 다양하게 겪고 나서 섬 주민은 함께 정부를 수립하기로 했는데 그 정부란 주민들에게 책임을 다하며 애당초 그 섬에 번영을 가져온 자유를 박탈하지 못하도록 권력을 제한하는 형태다. 섬 주민은 행정권을 가진 의회의장을 포함하여 의원을 열두 명 선출하기로 했다.

적의 침략으로부터 섬을 보호하기 위해 의원은 창으로 무장한 전투 카누 해군을 창설, 관리할 것이다.

사회 안정을 도모하고 모든 주민에게 생명과 자유, 재산권을 보호하기 위해 의원은 다툼을 해결할 법원제도를 수립하고 판사의 판결을 집행할 경찰대를 조직할 것이다.

상업을 활성화하기 위해 의원은 섬의 위험한 절벽에 해상교통을 보호하는 등대를 짓고 유지할 것이다.

이 정도의 기본적인 제도를 유지하기 위해 주민은 매년 세금을 내기로 합의했다. 정부로 보낸 고기는 모두 은행의 특별 정부계정으로 들어간다. 의원은 지출할 일이 생기면 이 자금을 인출한다.

하지만 섬 주민들은 대단히 독립적이어서 너무 많은 권력이 소수에게 집중되는 것을 우려하는 사람이 많았다.

의원들이 섬의 고기 세금을 마음대로 주무르지 못하도록 하기 위해 의회에 특정 권력을 분명히 위임하는 헌법 초안이 나왔다. 명시되지 않은 권력은 주민들에게 귀속되었다. 의회가 할 수 있는 일과 할 수 없는 일에 대해 혼란이 있는 경우에는 헌법을 적용하고 의원들의 정치적 야심에 제동을 걸 수 있도록 대법원을 설립했다.

　헌법이 표결에 붙여져 통과되자 그 섬나라는 유소니아 공화국^{Republic of Usonia}이라 이름 붙였다.

　새 정부는 세금으로 거둔 고기를 모두 써버리지는 않기로 했다. 여분으로 남겨둔 고기는 예상 못한 태풍이 일시적으로 고기잡이를 못하게 하거나 봉고비아 인들이 새로운 방식으로 침략해 올 때 사용할 수 있었다.

등대지기와 경찰, 판사, 노 젓
는 해군같이 정부가 봉급을 주는
사람들이 있었지만 그런 직업이 존
재하는 것은 정부가 생산자에게 세
금을 부과하기 때문이라는 사실을 모
두 이해했다. 생산자가 고기를 납부하지 않으면 정부 고용자는 먹고 살
수 없었다.

** 현실 확인

섬 주민들은 정부지출이 납세자의 지출과 실제로 같다는 사실을
이해했으므로 돈을 어떻게 지출할지 결정하는 것도 납세자여야 한다
고 믿었다. 그 결과 투표는 세금을 납부하는 사람에게 국한되었다.

아울러 세금은 섬에 공급 가능한 저축의 양을 줄이고 투자자본의
공급을 제한한다는 것도 이해했다. 하지만 섬 주민 대다수는 좋아진
치안과 줄어든 카누 파선, 계약을 실행하고 이의를 제기하게 하는 재
판제도 덕분에 사업 이득이 늘어나 그것이 줄어든 저축을 상쇄하고
도 남는다는 데 동의했다.

여기까지는 좋다. 하지만 언제나 문제는 생기게 마련이다…

현대 미국인 중에는 미국이라는 나라가 권력이 엄격히 제한된 정부 형태로, 즉 일종의 급진적인 실험의 형태로 건국되었다는 사실을 이해하는 사람이 너무 적다. 그것은 부끄러운 일이다. 17세기와 18세기에 번성한 자유와 이성, 과학이라는 변혁의 철학에 깊이 빠진 건국의 선조들은 국민과 정부 간에 완전히 새로운 관계를 만들고자 했다. 즉 주권은 침해할 수 없는 권리를 가진 개인에게 있었다.

독립전쟁 직후에는 많은 미국인이 원치 않던 국민 정부를 수립하는 대가로 정부라는 야수가 난폭해지지 못하게 잘 설계된 장치 로서 헌법이 고안되었다. 헌법은 국민을 정부로부터 보호할 뿐 아니라 소수를 다수의 횡포로부터도 보호했다.

헌법은 많은 주에 권한을 분산시키기 위해, 또 연방정부가 힘을 가지지 못하도록 연방정부의 여러 기관에 의도적으로 힘을 나누어 놓으려 했다.

그 결과 개인은 자유와 소유를 보장받았고 자기 재산을 원하는 대로 처분할 수 있게 되었다. 이런 권리가 유감스럽게도 새 나라의 모든 주민에게 적용되지는 않았지만 그렇다고 해서 그런 이유로 이 사상의 대범함이 축소된 것은 아니었다. 이런 사상은 이전에는 어떤 나라도 법제화하지 못한 것이었다.

시간이 흐름에 따라 이런 명확한 비전이 흐려졌다. 위기가 닥치면 정부에게 더 많은 권력이 필요하고 국민은 줄어든 자유로 지낼 수 있다고 수긍하는 사람이 많아졌다. 안타깝게도 현재의 경제위기 하에서 이런 경향은 대단히 큰 힘을 얻고 있다.

경제위축의 고통을 없애려는 욕망에 사로잡혀 우리는 자유란 것이 리스크를 포함하고 있다는 것을 잊었다. 정부가 모든 역경을 해결해야 할 의무가 있다면 애초에 개인은 아무도 자유롭지 않다. 실패할 자유를 앗아가면 성공할 자유도 잃게 된다.

정부의 창의성 발휘

많은 세대 동안 섬 정부는 계획된 대로 기능했다. 현명하고 절제된 지도자들이 계속 나타나서 사업 확장과 개인 저축을 장려하는 데에만 초점을 맞추었다. 세금은 비교적 견딜 만했고 산업 규제도 미약했다. 생산이 늘어남에 따라 기업은 이윤을 냈고 물가는 꾸준히 내렸으며 구매력은 올라갔다. 몇 세대 만에 거의 모든 가정이 카누를 소유하게 되었고 두 대나 세 대 가진 집도 생겨났다.

몇 명의 어부만 고기잡이에 종사하면 섬 전체가 필요한 영양분을 충족하게 되었으므로 노동과 자본은 다른 목적에 활용할 수 있게 되었다. 손으로 고기 잡던 시절에는 상상도 못했던 새로운 산업과 서비스가 개발되었다. 오두막 건축과 마술 치료, 북 제조사들이 생겨서 번창했다. 물자가 너무나 풍성해서 섬 서쪽 해안에 극장도 개설되었다. 개봉작 "어부가 오다"는 호평을 받았다.

그러는 동안 몇몇 의원은 세금납부와 투표권을 결부하는 헌법의 본래 취지가 근본적으로 비민주적이라고 주장했다. 진보주의 정신에서 이 제약은 제거되었고 정부예산 절약에 별 관심 없는 투표자들도 대거 선거인단에 들게 되었다.

경제성장과 함께 정부 급여가 늘어남에 따라 의원이라는 직업이 매력과 권위를 더해 갔다. 애초에는 섬에서 가장 존경받고 업적이 큰 연장자에게만 돌아가던 의원이라는 자리가 이제는 야심찬 수완가를 끌어들이게 되었다.

의원을 꿈꾸는 혁신가 프랭키 딥Franky Deep은 권력을 얻을 수 있는 인간 행위의 특성을 파악했다.

딥은 사람들이 공짜로 뭔가를 받으면 좋아하고 세금은 싫어한다는 사실을 알아냈다. 그래서 그는 자기가 섬 주민들에게 뭔가를 공짜로 주는 것처럼 보이게 할 수 있다면 맹목적인 지지를 얻을 수 있으리라는 점에 착안했다. 애석하게도 정부가 가진 것이라고는 세금으로 거둔 것뿐이었다. 의회는 고기 한 마리도 잡지 않았다. 의회는 받아야만 줄 수 있었다. 의회가 어떻게 하면 받는 것보다 더 많이 줄 수 있을까?

유달리 심한 태풍이 지나간 다음 프랭키는 기회가 왔다고 느꼈다. (정치가는 위기를 그냥 넘기지 않는다.)

그는 말했다. "친애하는 섬 주민 여러분, 우리가 방금 겪은 태풍은 우리에게 유래 없는 고난을 가져왔습니다. 많은 사람이 집을 잃고 고기도 없습니다.

우리는 팔짱만 낀 채 아무 일도 안 할 수는 없습니다. 내가 당선되면 나는 가장 피해가 심한 시민이 손실을 복구하도록 정부의 재건

사업을 시작할 것입니다." 그는 정부지출이 만들어낸 경제활동으로 건설비용을 충당할 것임을 분명히 했다.

프랭키의 적수인 그루퍼 클리블랜드는 섬 저축을 지혜롭게 관리하고 시민의 자유를 침해하지 않겠다는 약속만 할 뿐이었다.

아니나 다를까 프랭키 딥이 의회의장으로 입성했다.

그는 선거에서 이겼지만 그가 제시한 지출계획에 자금을 댈 고기 잔고가 부족하다는 사실은 달라지지 않았다. 그 격차를 매우기 위해 프랭키는 또 하나의 계획을 생각해냈다. 정부는 고기준비지폐라고 부르는 지폐를 발행하는데 이것은 굿뱅크에 저장해둔 진짜 정부 고기로 바꿀 수 있었다. 시민들은 그 지폐로 즉시 고기를 바꿀 수도 있고 진짜 고기로 하듯이 다른 재화나 용역을 살 수도 있었다.

섬의 최고판사가 화를 내며 논쟁에 개입했는데, 헌법은 의회에 다른 이의 유익을 위해 어떤 시민에게서도 돈을 취할 권한을 주지 않았으며 고기로 바꿀 지폐를 발행할 권한도 없다고 지적했다.

프랭키는 자기 정치 동지를 판사로 앉힘으로써 그 문제를 해결했다. 보다 협조적인 이 법 전문가는 헌법을 건국자들이 미처 보지 못한 문제에 부닥친 새 세대가 적극적으로 해석할 수 있는 '살아 있는 문서'라고 선언했다.

처음에는 시민들이 새로운 고기준비지폐에 대해 다소 불안해했다. 그들은 물건 대금을 진짜 고기로 하는 데 익숙했다. 하지만 얼마간 시간이 흐르고 나서는 새 지폐가 통용되었다. 사람들은 대부분 지폐가 들고 다니기 간편하고 냄새가 나지 않는 점이 특히 좋다고 인정했다.

한편 프랭키의 참모들은 자금을 댈 만한 사업을 찾으러 섬을 돌아다녔다(물론 명료한 객관성을 유지하면서). 잠재 유권자의 지지를 충분히 얻을 만한 사업을 발견하자 그들은 그 일이 실행되도록 새 지폐를 넘겨주었다.

새 은행 총재인 맥스 굿뱅크 7세는 새로운 고기 지폐를 시큰둥해 했다. 그는 지폐가 인쇄하기 너무 쉬워서 의원들에게 위험한 유인을 줄 것이라 생각했다. 하지만 정부가 모든 지폐에 대해 상환할 진짜 정부 고기를 은행에 충분히 가지고 있는 한 그는 밤에 잠을 푹 잘 수 있었다.

그런데 그의 확신은 오래 가지 않았다.

머지않아 프랭키와 그의 대리인들은 정부 계정이 가지고 있는 고기보다 더 많은 고기준비지폐를 발행했다. 맥스 굿뱅크는 준비고기가 점점 바닥나는 것을 알아채고는 경고를 하기 위해 의회로 향했다.

맥스는 외쳤다. "프랭키 씨, 인쇄기를 멈추시오! 그대들이 발행한 지폐 십 매마다 고기는 아홉 마리밖에 없어요. 저축자들이 자기네 예금을 상환하기에 충분한 고기가 없다는 사실을 알아채면 예금인출 소동이 벌어질 것이고 고기는 동이 날 거요. 그대는 고기준비지폐 발행을 중단하고 세금을 높여야 해요. 준비금을 보충해야 한다고요."

프랭키와 그의 최고 참모 휴이 험백^{Hughey Humpback}과 태드 애니몬^{Tad Anemone}은 웃음을 터뜨렸다. "세금을 올리고 지출을 줄이라… 그것 참 좋군. 그대는 선거운동에서 대단한 힘이 되겠어요! 또 다른 좋은 생각은 없소?"

굿뱅크는 설명했다. "여러분 죄송하지만 달리 방도가 없어요. 섬의 저축자들이 은행 예금이 안전하지 않다는 것을 알아채면 저축하기를 그만둘 거요. 그들은 이전에 그랬듯이 고기를 집에 보관할 거요. 새로운 사업은커녕 지금 하고 있는 장비를 유지할 자본도 없게 될 거요. 우리 경제 전체가 붕괴할 수도 있단 말이오!"

프랭키가 말했다. "이봐요 겁쟁이 씨. 우리도 그 점을 생각해서 해결책을 마련했다오. 왜 저축자들이 자기 저축이 늘어나지 않고 줄어든다는 사실을 알아야 하는가요?"

프랭키는 계속 설명했다.

"내 경제 참모들은 새 대학에서 학위를 받았고 섬의 최고 과학자 몇 분과 공동으로 연구했어요. 이들이 생각해낸 것은 기막히다오. 실로 그들은 대박을 터뜨린 거요. 이젠 우리만의 비밀을 그대에게도 알려주리다. 자, 기술자를 데려오시오."

그러자 몇 명의 실험가운을 입은 과학자가 보통의 고기 세 마리를 갖고 들어왔다. 그 중 한 명이 말했다. "보세요! 우리는 해변과 쓰레기더미를 찾아다니며 버린 고기 살갗과 뼈대를 모았소. 특히 머리와 꼬리가 온전한 놈을. 이제 마술을 보시오."

그러고 나서 기술자들은 버린 고기 자체를 자르고 조합하고 붙이고 바느질하는 듯 하더니 새 고기를 한 마리 만들기 시작했다. 그들은 조각하고 누르고 붙였다. 이런 과정을 거치면서 그들은 고기 세 마리에서 네 마리를 만들어냈다. 쓰레기였던 것이 이제는 어엿한 고기처럼 보였다.

프랭키가 말했다. "비밀은 풀칠에 있어요. 이 새로운 접착제는 절대로 떨어지지 않아요. 고기는 영구히 붙어 있고 멍청이들은… 아니, 주민들은 결코 알아차리지 못해요. 우리는 이 새 고기를 '공인된 고기official fish'라고 부르며 그것을 예금주에게 갚는 데 쓸 거요. 우리 애들을 그대 금고에 몇 일간만 들여보내면 고기 부족 문제는 해결될 거요!"

굿뱅크는 놀랐다. 속임수가 인상적이라고 할 수밖에 없었다. 그의 입 언저리가 미소로 끌려올라갔다. 그는 매번 '아니요'라고 말하는 데 지쳐 있었다. 아니라고 말하는 것은 결코 즐거운 일이 아니었다. 아무도 자기를 좋아하지 않고 사람들은 그를 등 뒤에서 구두쇠라고 불렀다.

그는 생각했다. '아마 이게 탈출구가 될 수 있을 거야. 이렇게 하면 인기도 좋아지겠지. 맨 먼저 고기가 생길 테고 그 다음엔 권력과… 마지막엔 여자를 얻게 되겠지!'

그런데 다음 순간 그의 양심이 되받아쳤다. "이 사람들은 마술사가 아니야. 고기는 나무에서 자라지 않아! 의원들이 할 수 있는 것이라고는 섬 저축의 가치를 깎아내고 가짜 고기를 만들어내는 것일 뿐이야!" 그는 생각을 제대로 해보려 했다.

"이봐, 예금자들은 지혜로워. 보라고. 그대의 '공인된 고기'는 진짜 고기와 비교해 보니 야위었어. 아무튼 여기 사람들은 오랫동안 고기를 먹어 오지 않았나. 고기 가치는 모두가 알아. 그들을 속이기가 그리 쉽지 않을 거야."

프랭키는 부드러운 목소리로 굿뱅크의 염려를 가시게 하려 했다. "우리도 그 문제를 생각했어요. 그래서 처음에는 '공인된 고기'를 너무 작게 해서는 안 되죠. 우리는 진짜 고기 아홉 마리마다 공인 고기를 열 마리씩 만들 것이니 단지 십 퍼센트 작아질 뿐이지요. 그뿐 아니라 이 점이 천재적인데 우리는 섬 주민이 공인 고기를 진짜 고기와 비교하지 못하게 하는 법을 통과시킬 것이오!"

태드 애니몬이 끼어들었다. "맞는 말이에요. 우리는 처리되지 않은 고기들에서 과학자들이 새 질병을 발견했다고 할 것이고, 모두에게 고기를 잡는 즉시 공식 처리과정을 거치도록 요구할 거요."

의원들과 기술자들은 '공식 고기'가 왜 꽉 차지 않는지를 어떻게 설명할지 논의했다.

의원들은 사람들이 실제 고기를 못 보게 하려고 또 고기 생산을 늘리겠다는 목적으로 어획부를 세워서 고기잡이를 이 부서에서만 전담하도록 결정했다.

굿뱅크는 이를 더 이상 받아들일 수 없었다. "그건 안 될 일이오! 사람들이 고기잡이를 그만두고 대신 정부에만 의존한다면 총 어획고는 줄어들 것이고 결국 저축이 동날 것이오."

프랭키가 반박했다. "그대는 어떻게 그렇게 확신하오? 우리 어획부는 미래의 대세예요. 가장 신뢰받는 친구들만 관리자로 투입할 것이며 시민정신에 최대로 충실한 노동자에게는 특별상을 줄 것이오. 그뿐 아니라 우리는 다음 선거 때까지만 그렇게 할 것이고 그 다음에는 더 장기적인 계획을 수립할 것이오. 내 약속하죠."

휴이 험백이 말했다. "그러는 동안 이 새로운 고기 확대 과정이 그대의 예금부채를 이자와 함께 모두 갚게 해줄 거요. 그러고도 남는 고기로 우리 주민을 위해 뭔가 좋은 일을 할 것이오!"

굿뱅크는 이 점을 좀 더 생각해 보았다. "그렇게는 안 돼요. 사람들은 알아챌 것이고 자기 저축이 염려되어 예금을 인출할 거요."

프랭키가 설명했다. "우리는 그 점도 고려했다오. 새로운 정부기구인 고기예금보험사가 모든 예금을 보장한다고 선언할 것이에요. 사람들은 의회가 자기네 예금을 보장한다는 걸 알면 아무도 인출하지 않을 것이오. 보험제도가 도입되면 예금자들은 우리가 자기네 저축의 가치를 빼앗더라도 우리가 자기 저축을 보호한다고 생각할 거요."

프랭키는 굿뱅크 가까이 다가가서 어깨를 감싸 안으며 말했다. "그러니 맥스 씨. 우리와 함께 가지 않을래요?"

굿뱅크는 자기 운명을 그 개혁가들에게 맡겨 볼까 하는 유혹을 받기도 했지만 용기를 냈다. 정치가들은 부채청산과 자신들의 영웅적 자화상을 염려했지만 굿뱅크는 고기 가치가 걱정이었다.

굿뱅크가 쏘아붙였다. "절대 안 돼요! 그것은 사기이고 속임수예요. 당신들 의원에게 한 가지 공통점이 있다면 그건 정직하지 않다는 거요! 나는 은행 문을 닫을 것이고 사람들에게 자기 고기를 집에 보관하라고 말할 거요."

논쟁이 끝없이 이어지자 의원들은 눈알을 굴리며 어깨를 으쓱하다가 마침내 더 이상 참을 수 없을 지경에 이르렀다. 프랭키는 의회 경비원들을 불렀다. 그가 경비반장에게 몇 마디를 속삭이자 굿뱅크는 끌려 나갔다. 끌려 가면서 발을 구르고 비명을 질러댔지만 그의 말을 들어 주는 이는 아무도 없었다.

프랭키는 말했다. "저 숙맥이 더 이상 일할 수 없게 되어 안됐군. 앨리 그린핀Ally Greenfin을 불러 오게나!"

프랭키는 그린핀을 새 은행장으로 임명하고는 고기 확대안을 완전 가동하도록 엄히 지시했다. 나아가 굿뱅크 저축대부는 이제 고기준비은행으로 부르게 되었다.

다음날 아침, 섬에서 신뢰받던 은행가 맥스 굿뱅크 7세의 시신이 산호초에 뒤엉켜 있는 것이 발견되었다. 죽음은 자연사로 종결되었다. 섬에서 제일 높은 강당에서 눈물 가운데 조사가 울려 퍼졌다. 프랭키 의원은 성대한 장례식을 명했다.

이제 앨리 그린핀이 고기준비은행 의장이 되어 제도가 완벽하게 가동되었다. 진짜 고기가 '공인 고기'로 둔갑되어서는…

앞에서 논했듯이 미국은 그 역사 대부분의 기간 동안 지속적으로 물가가 하락했다. 그러다가 1913년에 연방준비은행이 설립되었다. 연준이 발행한 지폐는 그 보유자가 요구하면 금을 내어주게 되어 있었다. 이 연준 지폐가 유통 중인 민간은행폐를 대체했는데, 역시 비슷한 보증을 해주었다. 하지만 연준이 등장하자마자 물가는 지속적으로 오르기 시작했다.

연준은 애당초 탄력적 통화공급이라는 사명을 부여받았다. 취지는 경제활동에 따라 유통되는 통화의 양을 늘리거나 줄일 수 있도록 한다는 것이다. 그렇게 함으로써 경기가 좋은 때나 나쁜 때나 물가를 안정되게 유지할 수 있으리라는 생각이었다.

그런 사명이 시작은 좋은 것이었다 해도 연준이 그 목표에 실패했다는 사실은 분명하다.

지난 백 년 동안 달러 가치는 95퍼센트 이상 줄어들었다. 물가안정을 위해서라 해도 너무 값비싼 대가다! 실상은 연준이 존재하는 유일한 목적은 정부가 세금으로 걷는 것보다 더 많이 지출할 수 있게끔 물가상승을 허용하는 것이다.

대공황 동안 루스벨트 대통령은 금에 대한 달러의 가치를 낮추기로 했다. 이를 위해 정부는 금시장 전체를 통제해야 했고 한동안 금화 소유를 불법화했다. 나중에 금 태환을 은행에만 국한하다가 그후 외국은행에만 국한하고 마침내는 아무에게도 허용하지 않게 되었다.

우리가 가지고 있는 화폐는 실질 가치가 전혀 없고 원하기만 하면 얼마든지 확대할 수 있다. 이 때문에 정부는 지출과 세금에 대해 어려운 선택을 하지 않아도 되었다. 결국 달러에 남아 있는 가치는 사라지고 말 것이다.

작아지는 고기

의원들은 자기네 행운을 믿을 수 없었다. 그들은 어떤 선거공약이라도 할 수 있으며 원하는 만큼 지출할 수 있다. 예산을 균형 맞출 필요도 없고 지출을 위해 세금을 거둘 필요도 없다.

그래서 해마다 정부는 은행이 상환할 저축보다 더 많은 고기준비지폐를 발행했다. 예금이 줄면 고기 기술자들이 마술을 부렸다. 그 마술은 중독성이 있다. 상황을 제어해야 하고 지속가능한 노선으로 되돌아가야 함에도 불구하고 의원들은 스스로를 주체할 수 없었다.

정부가 자금을 댄 사업 중 몇 개는 모두에게 유익이 되었다. 섬 해군은 더 큰 카누를 갖게 되어 봉고비아 인들을 옴짝달싹 못하게 했고, 새로운 마차도로는 교통을 편리하게 했다. 하지만 논란이 많은 바위 청소 일자리 사업은 그 유익을 수량화하기 훨씬 어렵다. 반짝이는 바위가 정말 섬에 필요한 것인지 불분명한데도 그 사업으로 일자리를 얻은 사람에게는 인기가 좋았다.

그러는 동안 새로 어획부가 생겨서 운영되었다. 후한 급여와 혜택을 제공하니 인력 구하기는 쉬웠다. 어획부에 취직한 사람들은 안정된 직장이 좋았고 자기네를 후원하는 의원들을 선거에서 기꺼이 지지했다.

그런데 수면 아래에서는 문제가 커지고 있었다.

위험을 감수하면서까지 이윤을 내려는 개인적 유인이 없었으므로 어획부는 효율성 면에서 실패했다.

실제 고기 생산의 증가율은 의회가 유통시킨 고기준비지폐 공급만큼 빠르지 않았다.

곧 고기지폐가 너무 많이 발행되어 기술자들은 전환율을 높여야 했다. 아홉 마리로 열 마리를 만들던 것이 이제는 네 마리로 다섯 마리를 만들게 되었다. 이것은 공인 고기가 진짜 고기보다 20퍼센트나 작다는 의미다.

이것도 부족하여 전환율이 두 마리로 세 마리를 만들게 되었다가 마침내는 한 마리로

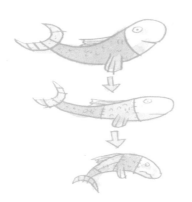

두 마리를 만들게 되었다.

공인 고기가 점점 작아짐에 따라 섬 주민은 더 이상 하루에 한 마리 고기만 먹고는 살 수 없게 되었다. 하루에 적어도 두 마리는 먹어야 했다.

섬에서는 고기가 화폐로 사용되었으므로 줄어드는 고기의 영양 가치에 맞추기 위해 모든 물건의 가격이 올라야 했다. '물가상승'이라는 골치 아픈 문제가 생겨난 것이다. 전통적으로 효율성은 물가를 낮춘 반면 이제 정부가 만들어낸 인플레이션이 물가를 높이는 방향으로 몰아갔다.

왜 물가가 오르는지에 대해 합의된 이론이 없는 것은 이상한 일이다. 앨리 그린펀은 다음과 같은 이론을 내놓았다. "물가상승은 '비용인상'이라고 알려진 현상 때문에 생긴다." 그에 따르면 높은 고용(이는 부분적으로는 정부의 고용 때문이기도 한데)과 호경기가 결합하여 고기 수요를 많게 하고 그 결과 가격이 오른다고 한다.

그린펀은 섬 주민이 번영을 누리는 증거로서 자기 부모 세대보다 고기를 두 배나 많이 먹고 있다는 점을 들었다.

그린펀은 꾸준한 인플레이션이 제공하는 촉발이 없다면 사람들은 식욕을 잃게 되고 고기 수요가 멈추게 되며 섬 경제는 위축될 것이라고 경고한다. 더 나아가 그는 일 년에 고기 복부 절반만큼의 인플레이션이 최적 수준이라는 이론을 세웠다. 그는 인플레이션이야말로 경제 확장에 필수적이라고 주장했다.

프랭키가 말하기를 "멋진 논리예요, 앨리 씨. 그대는 말로 하면 고기통에서 상어라도 꺼낼 수 있겠어요." 하지만 아무도 정부가 바로 인플레이션의 진정한 원인이라는 것을 생각하지 못했다!

정부는 하고 싶은 것이라면 무엇이든지 할 수 있는 백지수표를 거머쥔채 점점 더 많은 고기준비지폐를 발행함으로써 시민들의 비위를 맞추어 나갔다. 그러는 동안 공식 고기는 계속 작아졌고 그 가치는 점점 떨어졌다. 그리하여 임금과 물가는 올라가야 했다. 생산성 향상 덕분에 물가상승을 거의 알아채지 못하는 해도 간혹 있었지만, 두 가지 사실은 분명했으니 고기는 결코 커지지 않는다는 것과 물가가 하락하는 일은 거의 없다는 사실이다.

물가상승이 빨라질 때 섬 주민들은 자기네가 예금한 고기보다 인출하는 고기가 작아진 것을 마침내 알아챘다. 그래서 저축에 붙는 이자 유인에도 불구하고 점점 저축을 덜 하기 시작했고 완전히 저축을 그만두는 사람도 많아졌다. 그 대신 빠르게 상승하는 물가로 인한 손실을 메우기 위해 고기는 빠르게 지출되었다.

이런 빠른 인플레이션의 실질적인 부담은 은퇴자에게 돌아갔다. 근무기간 동안 은행에 고기를 예금한 은퇴자들은 생존을 위해서만도 하루에 고기를 두세 마리나 먹어야 한다는 사실을 알게 되었다. 20년은 지탱하리라 기대했던 저축이 4, 5년 만에 바닥나고 말았다.

물가상승으로 저축이 위축되는 바람에 은행예금은 줄어들었다. 그 결과 유망한 사업에 자금을 대거나 침체된 기업을 일으킬 고기는 적어졌다. 이에 따라 사업은 축소되고 노동자도 해고되었다. 물가상승 효과를 상쇄하기 위해 많은 주민은 손실을 만회할 기대감에 높은 수익을 약속하는 매니펀드에 여유자금을 투자하기로 했다.

실업률이 위기 수준에 도달하자 사람들은 정부가 뭔가 조처를 취하라고 요구했다.

이에 대해 의회는 회사가 직원에게 지급할 봉급의 상한선과 노동자를 고용하거나 해고할 조건, 회사가 제품 가격을 얼마로 책정할지에 대해 엄격한 제한을 설정했다. 이런 제약조건으로 사업하기가 더 어렵게 되었고 기업의 성장 잠재력도 제한되었다.

시간이 흐름에 따라 새 의원 린디 비^{Lindy B}는 또 다른 선거 기회를 발견했으니 이번에는 '위대한 사회'를 만드는 것이었다! 린디는 약속하기를 자기가 당선되면 카누 해군에게 더 큰 창을 지급할 뿐 아니라 해고 노동자 모두에게 긴급 실업 고기지폐를 줌으로써 침체한 경제에 활력을 불어넣겠다고 했다.

그의 상대 버디 골드피쉬^{Buddy Goldfish}는 섬 저축을 조심스레 관리하고 주민의 경제적 자유를 보호하겠다는 따분한 공약밖에 내놓지 않았다. 버디는 섬이 그처럼 화려한 '창과 고기' 정책을 감당할 수 없다고 주장했는데, 그것이 훨씬 중요한 것이었다.

아니나 다를까 린디가 압도적으로 승리했다.

이리하여 이전의 정책은 지속되었다. 고기준비지폐는 점점 더 많이 발행되었고 어선은 점점 더 적은 진짜 고기를 싣고 돌아왔다. 공인 고기가 이전 크기의 십분의 일로 줄어들자 앨리 그린펀조차도 고기 피부를 더 이상 늘릴 수 없다는 걸 알았다. 금고에 뼈밖에 남지 않게 되자 앨리는 의회로 달려가서 긴급회의를 소집했다.

교훈

경제학자들이 인플레이션의 원인을 이해하기 어렵게 만든 이유는 그 단어의 정의 자체를 제대로 내리지 않은 데 있다. 사람들은 대부분 상승하는 물가가 곧 인플레이션이라고 믿는다. 그래서 물가가 상승하지 않으면 인플레이션은 없어야 한다.

하지만 상승하는 물가는 단지 인플레이션의 결과일 뿐이다! 인플레이션이란 통화공급의 확대다.

1990년 이전에 나온 사전들은 인플레이션을 순전히 통화공급의 확대라고 정의한다. 그 이후에 나온 사전은 모호하게 정의함으로써 안전망을 쳤다. 하지만 인플레이션의 정의를 정확하게 이해한다면 통화공급 자체가 늘어나더라도 물가는 제자리이거나 심지어 떨어질 수도 있음을 알 수 있다.

경기침체기에는 사람들이 당연히 지출을 멈춘다. 지출을 멈추면 수요는 적어지고 물가는 떨어지게 마련이다. 하지만 간혹 통화공급을 확대하여 이 추이를 거스르기도 하는데 그러면 화폐가치는 떨어진다. 경기침체기에 인플레이션이 있으면 물가는 오를 수도 있고 (화폐 발행이 많으면) 제자리 수준이거나 인플레이션이 없는 경우에 비해 덜 떨어지기도 한다.

경기침체기에는 경제의 균형을 회복하기 위해 물가가 하락할 필요가 있다. 침체는 디플레이션이어야 한다. 물가가 하락하면 고용률이 낮아도 그만큼 타격이 완화된다. 그런데 현대 경제학자들은 물가하락을 수요파괴로 치닫는 끝없는 심연으로 본다. 그들은 물가가 충분히 하락하면 사람들이 다시 지출하기 시작한다는 사실을 잊고 있다. 그런 과정 덕분에 불필요한 재고가 소진되고 물가는 수요 공급의 작용으로 정당화되는 수준까지 하락하게 된다는 것을.

그런데 인플레이션은 물가를 인위적으로 높게 유지함으로써 이런 과정이 진행되지 못하게 한다.

CHAPTER
11

멀리서 온 생명선

의원들이 모였을 때 그린핀은 그들에게 자기가 할 수 있는 일이 더 이상 없다고 말했다. 은행에 고기가 떨어진 것이다. 어떤 의원들은 섬 주민에게 사실대로 말하자고 제안했지만 그 제안은 위원회에서 부결되었다. 린디는 더 나은 해결책을 모색했다.

린디는 섬의 탁월한 경제학자 벤 바너클^{Ben Barnacle}에게 은행을 맡아 달라고 요청했다.

바너클이 말하기를 "문제없어요, 각하. 문제는 시민들이 신뢰를 잃고 있다는 것이죠. 우리가 지금 고기준비지폐를 더 지출하기 시작하면 신뢰가 회복될 것이고 시민들은 다시 지출하기 시작할 거예요. 내가 그래야 한다면 야자나무에 올라가서 고기지폐를 떨어뜨릴 용의도 있어요."

몇몇 의원들은 다소 혼란스러웠다. 아무도 바너클만큼 경제학 교육을 받은 사람이 없지만 몇몇은 문제가 애당초 지출을 너무 많이 한 데서 나왔다고 느끼고 있었다. 버디 골드피쉬가 이치에 닿는 말을 하려 했으나 아무도 들어 주지 않았다.

다행스럽게도 운명의 여신이 때마침 도와주어서 힘든 선택은 하지 않아도 되었다.

갑자기 의회 문이 활짝 열리더니 멀리 파견된 대사 한 명이 매우 색다르게 생긴 사람들과 함께 홀 안으로 들이닥쳤다.

그 대사는 동쪽 바다 건너 시노피아^{Sinopia}라는 섬을 발견했는데, 거기서는 모든 시민이 아직 손으로 고기를 잡고 있었다. 발전한 자유경제의 혜택을 누리지 못하는 시노피아는 전제군주의 독재 하에서 힘들어했는데, 그 군주는 사회구조 내에서 자기 백성에게 독특한 실험을 해왔다.

시노피아에서는 모든 시민이 고기를 잡아야 하지만 그 잡은 고기가 자기 것이 되지는 않았다. 잡은 고기는 왕에게 바쳤고 왕은 누구에게 얼마를 줄지 결정했다.

시노피아 왕은 게으름 피우는 어부들을 발견하고는 그들 모두에게 고기잡이 하면서 나라사랑 노래를 부르도록 명했다. 가사를 잊어버리거나 음정이 틀리는 사람은 제대로 부를 수 있을 때까지 양식을 주지 않았다.

이 제도 하에서 일인당 어획고는 높지 않아도, 권력을 쥔 사람은 잡은 것 중 많은 양을 가졌다. 왕과 신하들이 바다의 진미로 배를 불리는 동안 일반 시노피아 인은 하루에 고기 반 마리로 버텨야 했다.

자본이 발달하기 전의 유소니아와 비슷하게 시노피아는 저축도 없고 은행이나 신용, 기업도 없었다. 유소니아의 관점에서 보면 시노피아 경제는 아직 암흑시대에 매여 있었다.

시노피아 왕은 용케도 자기 섬이 빠른 속도로 성장하지는 못할 것이라는 점을 알고 있었다. 유소니아의 얘기를 듣자마자 왕은 유소니아의 발달한 은행제도와 신용, 상업뿐 아니라 그 시민들의 호화로운 생활양식에 깊은 인상을 받았다. 그래서 자기 섬에도 같은 수준의 번영을 가져오리라 결심했다.

대양 경제가 어떻게 기능하는지를 관찰한 후 왕은 고기준비지폐의 소유야말로 진보의 열쇠라고 결론지었다.

사실 그는 지폐가 전 대양에 걸쳐 화폐로 사용되는 것을 알고 있었다. 봉고비아 인은 자기네 봉고의 대금으로 고기지폐를 받았고 더비쉬아 인은 자기네 코코넛유 제품과 지폐를 교환했다.

시노피아의 대사는 자기 섬이 지

폐를 더 많이 소유하면 대양 경제에 제대로 접근할 수 있다고 여겨, 자기 시민이 잡은 고기를 고기준비지폐와 교환하자고 제안했다.

의원들은 시노피아 인들을 믿을 수 없다는 듯이 바라보았다. 그러고는 현기증 나는 듯한 표정으로 서로 바라보았다. 이렇게 쉬울 수가 있나? 신선한 생선을 한갓 종이조각으로 얻을 수 있다니?

린디 비는 주저하지 않고 앞으로 나서서 시노피아 인들의 조건에 동의했다. 유소니아는 자기네 시장을 시노피아 고기 수입에 관대하게 열었다. 그런데 그들은 언제부터 고기를 하역할 수 있을까?

시노피아의 대사는 서류를 작성하기 전에 고기준비지폐가 항상 실질 가치를 가지도록 보증을 요구했다.

린디 비가 말했다. "걱정 마세요. 그 지폐로 실제 고기를 원할 때에는 언제든지 우리 은행의 고기창구에 오기만 하면 원하시는 만큼 드릴 겁니다. 잠시 둘러보세요. 우리에게 고기가 부족한 것 같습니까?"

조약은 체결되었고 시노피아의 고기가 운반되어 왔다. 그 대가로 린디는 막 인

쇄한 지폐 두 다발을 건넸다. 린디는 터져 나오는 웃음을 간신히 참으면서 마지막 충고를 해주었다. "여러분, 이 지폐를 조심해서 다루세요. 이 것은 매우 구하기 힘든 것이니까요."

린디는 은행장을 향해 돌아섰다. "이보시오 바너클 씨. 사업을 시작하기 전에 이 고기들을 은행에 갖다 둡시다."

한시름 놓은 은행장은 확인할 필요도 없었다. "염려 놓으세요. 고기 기술자 팀을 금고에 대기시켜 놓았어요. 그들은 이 고기가 도착하는 즉시 토막 내고 자를 준비가 돼 있어요. 오늘 예금주들은 모두 자기 고기를 가지게 될 거예요. 어제와는 달리 뼈에 살점이 많은 걸로요!"

이렇게 하여 유소니아 경제사에 새로운 장이 탄생했다. 매일 시노피아

에서 새 화물 카누가 고기를 실어 왔고 시노피아 인들은 그 대가로 고기 지폐 묶음을 가져갔다.

시노피아 인에게는 그 모든 지폐로 무엇을 할 것인가가 중대한 문제였다. 제일 좋기는 유소니아 인이 만든 물건을 사가는 것이었다. 물론 시노피아 인은 어획 효율성을 높이기 위해 그물이 필요했고 유소니아 제조업자는 대양에서 가장 좋은 그물을 만들었다. 그래서 '에이블 그물회사'는 대량의 주문을 받았다.

시노피아 인은 사고 싶은 물건을 모두 사고도 고기지폐가 남았다. 시노피아 인은 자기 섬에 은행제도가 없으므로 이 무역흑자를 적어도 약간의 이자가 붙는 고기준비은행에 예금하기로 했다.

이같은 거래로 유소니아는 큰 호황을 맞았다. 해외수요가 지역경제를 활성화했고 시노피아 고기를 은행에 예금하니 신용공급이 늘어났다. 유소니아 인들은 자기네가 저축하는 것보다 더 많이 지출했지만 낮은 금리로 대출할 수 있는 고기가 아직도 많이 있었다.

공인 고기의 뼈에 살점을 더 붙일 진짜 고기가 많아져서 유소니아의 인플레이션 문제는 거의 사라졌다. 통통해진 고기 덕분에 물가는 더 이상 오르지 않고 생활수준은 다시금 나아졌다.

시노피아 상황도 급변했다.

시노피아 왕은 늦게나마 국내 경제 모형에 심각한 오류가 있음을 깨달았다. 주민은 자기가 잡은 고기를 모두 내놓아야 한다면 고기를 잡지 않을 것이다. 이 사실을 알게 된 왕은 그물이 유소니아에서 도착했을 때 정책을 극적으로 뒤집었다. 왕에게서 그물을 산 사람들은 자기네가 잡은 여분의 고기가 모두 자기 소유가 되었다. 아니나 다를까 이 정책의 결과로 시노피아 인의 어획활동은 늘어났다.

하지만 문제는, 섬 사이 무역을 활성화하기 위해 왕이 자기 시민들에게 여분의 고기를 고기준비지폐와 교환하도록 요구한 것이었다.

개인적 유인이 마침내 자리 잡게 되자 시노피아 인들이 저축을 늘리고 생산을 확대하는 데에는 오래 걸리지 않았다. 그 결과 시노피아 기업가들은 숟가락이나 그릇 같은 물건을 만드는 공장을 지을 수 있게 되었다. 대부분의 시노피아 인에게 이런 물건이 없었지만 그들은 고기지폐를 더 얻으려고 그 물건들을 유소니아 인에게 팔았다.

경제학자들은 수년간 미국과 중국 간의 관계를 잘못 파악했다. 경제학자 대다수는 미국이 값싼 제품과 저렴한 대출을 얻고 중국은 제조업 일자리를 얻기 때문에 둘 다에게 유익한 체제라고 본다. 하지만 그런 관계가 과연 양자 모두에게 이익인가?

미국인은 좋다. 미국인은 생산하지 않고도 물건을 가지며 저축하지 않고도 돈을 빌려 쓴다. 반면 중국인은 일하면서도 자기가 생산한 것을 소비하지 않고 저축하면서도 빌려 쓰지 않는다.

중국인에게는 무슨 유익이 있는가?

현대 경제학자 대다수는 미국 금리가 낮은 것이 다른 나라들이 많이 저축한 덕분이라는 사실을 제대로 인식하지 못한다. 빌리기 위해서는 누군가가 저축해야 한다는 사실을 기억하라. 미국에게는 다행스럽게도 세계경제 덕분에 이런 관계가 국경을 넘어 가능하다.

지금까지 미국이 이용할 수 있는 만능패는 미국 달러화의 지위다. 세계의 공식적인 지급준비로서 달러는 어떤 국제 거래에도 교환화폐로 받아들여진다. 이 말이 뜻하는 바는 미국과 그 무역 상대국만이 아니라 모든 나라가 거래를 하기 위해서는 달러가 필요하다는 것이다. 그래서 미국에서 만들어진 물건을 사지 않더라도 달러에 대한 수요는 항상 존재한다. 이런 행운을 가진 나라는 미국 외에는 없다.

외국인이 보유한 이런 달러 중 상당 부분이 미국은행에 예금되며 그 돈을 미국인들은 빌릴 수 있다. 그리하여 미국인은 저축하지 않고도 지출할 수 있게 된다.

중국 정부는 자기네 위안화 가치를 미국 달러에 엄격히 고정시킴으로써 자기 국민들이 달러로 저축할 것을 요구한다.

중국을 비롯한 다른 나라의 저축이 없다면 미국 정부를 포함한 미국인들은 돈을 빌리기 어려울 것이며 높은 금리를 물어야 했을 것이다. 금리가 높아지고 신용이 줄어들면 부채에 의존하는 미국경제에 치명적이 될 것이다.

현재 미국 지도자들과 중국 사이에 갈등이 고조되고 있으므로 이 생명선이 사정없이 떠내려 가버리기 전에 생명선의 가치를 명확히 이해해야 한다. 물론 이런 관계가 영원히 지속될 수는 없으므로 빨리 끝날수록 미국인에게는 고통이 덜할 것이다. 공짜로 먹는 기간이 길어질수록 공짜 음식이 멈출 때 양식 조달하기가 더 어려워질 것이다.

서비스 부문의 부상

시노피아에서 저축이 흘러 들어와 금리가 내려가자 유소니아 기업가들은 사업제안서를 잘 만들어서 은행 대출 담당자를 찾았다. 하지만 고기잡이와 제조업은 점점 시노피아로 외주를 주었기 때문에 그들이 제시한 사업제안서는 이전 세대와는 매우 달랐다. 대부분의 사업제안서는 지역 노동자가 서비스를 제공하는 회사를 선호했다. 이런 일들은 외주를 줄 수 없고 일반적으로 자본이 많이 필요하지도 않다.

섬의 첫번째 경제학회에서 행한 유명한 공식 연설에서 벤 바너클은 그런 변화를 설명했다. 그가 주장하기를 유소니아 경제는 발전 정도가 높아 고기잡이나 제조업같이 낮은 단계의 과정은 가난한 경제로 보내고 유소니아 인은 요리사나 이야기 작가, 문신 예술가와 같이 세련된 '서비스 부문'을 추구할 수 있게 되었다는 것이다.

이런 변화의 증거는 섬의 조상 중 한 분이 창업한 존경받는 파도타기 널판지 가게인 '찰리의 파도타기'에서 볼 수 있다.

여러 세대에 걸쳐 제조에 성공한 후 이 회사는 새로운 방향으로 나아 갔다. 찰리의 자손들은 파도타기 학교 운영을 확대하려고 거액의 대출을 했다. 섬 전체에 걸쳐 열두 군데에 화려한 새 캠퍼스를 세웠다.

동시에 '찰리의 파도타기' 사는 시노피아에 파도타기판을 제조하는 공 장을 세우기로 합의하고 그곳 노동자들에게 고기지폐로 급여를 주기로 했다.

더 많은 서비스 부문 사업이 곧 뿌리내리기 시작했다. 한때 섬 인구를 장악했던 제조 시설들은 주로 다른 섬에서 만들어진 물건을 파는 소매업으로 대체되기 시작했다.

의회가 기업들에게 유권자들의 관심에 영합하도록 하기 위해 부과한 수수료와 세금, 각종 규제 때문에 외주를 주려는 경향이 빠르게 늘어났다. 이런 장애물 때문에 유소니아 기업들은 새로운 범대양 경제에서 경쟁하기가 더 어렵게 되었다.

한편 바다 건너 시노피아도 변화하고 있었다.

들여온 그물 기술과 자기이익을 추구하려는 욕구는 예상대로 어획 생산성을 크게 높였다. 마침내 시노피아 인들은 고기를 충분히 저축해서 대형 고기잡이 그물을 여럿 만들었다. (애초의 고안자가 제기한 재산권 위반 소송은 시노피아 법정에서는 설 곳이 없었다.) 시노피아 인은 3교대로 하루 24시간 고기잡기 정책을 시행하여 고기를 쉴 새 없이 잡아들였다. 이 고기 중 상당 부분은 유소니아로 수출되었다.

고기가 더 효율적으로 잡히자 노동자들은 제조업을 비롯한 다른 일을 할 수 있게 되었다. 왕의 정책이 고기지폐를 축적하는 것이었기 때문에 왕은 이 남아도는 생산력을 수출할 수 있는 제품에 집중하도록 명했다.

고기와 제품을 실은 카누가 연이어 바다 건너 유소니아로 향해 감에 따라 고기지폐는 유소니아에서 시노피아로 밀려 들어왔다.

전형적인 무역관계(봉고비아와 더비쉬아 간의 무역처럼)라면 시노피아

제품과 교환하는 것은 시노피아 인
이 원하는 유소니아 제품이었
을 터이다. 하지만 시노
피아가 지폐를 축적
하고 싶어했으므로
한 섬에서는 생산만
하고 다른 섬에서는
소비만 하는 전혀
다른 무역관계가 되
었다.

　시노피아 왕이 왜 그런 관계를 허용했는지는 의문이다. 하지만 왕의
이전 체제와 비교하면 그것은 지극히 당연하다. 그 이전 정책이란 왕에
게는 절대 권력을 유지하게 했지만 파도타기판을 만들어도 자기는 너무

바빠 파도 탈 시간을 낼 수 없는 시노피아 인에게는 좋은 일이 아니었다.

물론 시노피아 인은 장래에 고기잡이를 그만두고 고기지폐 저축으로 살게 될 때 보상받게 될 것이라고 믿었다. 하지만 시노피아 인은 유소니아가 부채 갚을 능력은 고사하고 자기네 시민들을 먹일 고기 잡을 능력도 없다는 사실은 몰랐다.

벤 바너클은 또 다른 경제학회에서 이 체제가 가장 새롭고 효율적인 전문화의 예라고 주장했다.

❖ 현실 확인

바너클은 자기 세대의 경제학자들과 마찬가지로 소비를 성장의 주된 동력으로 보았다. 그러므로 가장 많이 소비하는 자가 성장의 엔진이라고 생각했다.

하지만 시장에서 물건 사는 것이 공장에서 일하는 것보다 훨씬 더 즐겁다는 사실은 삼척동자도 안다.

바너클은 유소니아가 소비에 비교우위가 있으며 이 능력은 대양 전체에 큰 유익이라고 설명했다. 그는 다른 어떤 섬도 유소니아만큼 한없는 수요를 가진 탐욕스런 시민은 없다고 주장했다. 바로 유소니아의 넓은 도로와 큰 마차, 큰 오두막이 그 섬 사람들을 가장 효율적인 소비자로 만든 것이다!

할 수 있다는 정신을 가진 낙천적인 유소니아 시민들은 작은 열대어 두 마리조차 없는 때에도 지출하기를 두려워하지 않는다. 그래서 다른 섬들은 소비를 유소니아에게 외주 주는 것이 효율적이다!

한편 바너클은 다음과 같이 주장한다. "시노피아 인은 저축하고 물건 만드는 것을 잘한다. 그러므로 생산은 시노피아에 외주를 주는 것이 더 효율적이다."

지난 십년간 세계적 불균형이라는 문제가 모든 주요 경제행사 때마다 단골 주제였다. 하지만 그 주제에 할애한 많은 연설과 언론보도에도 불구하고 문제 해결에는 아무런 진전이 없었다.

그 현상을 가장 두드러지게 나타내는 통계가 미국의 무역적자다. 미국 역사상 대부분의 기간은 수입보다 수출이 훨씬 많아서 무역흑자를 나타냈다. 특히 20세기 중엽에는 흑자가 대규모로 이루어졌다. 미국은 이 흑자를 국내 자본건설과 해외 자본매입에 사용했다. 그 과정에서 미국은 지구상 가장 부유한 국가가 되었다. 하지만 1960년대 후반에 적자로 바뀌기 시작하여 1976년까지 지속적으로 무역적자를 기록했다.

이 적자가 제지를 받지 않고 커진 데는 달러의 기축통화 지위가 중요한 역할을 했다. 세계경제체제로 인한 어쩔 수 없는 달러 수요가 없었다면 그런 불균형은 그렇게 오래 지속될 수 없었을 것이다. 어떤 기업이나 정부도 아무것도 구입할 수 없는 통화를 받고 물건을 주지는 않을 테니까.

1970년대와 1980년대에는 이 적자가 연간 백억 내지 오백억 달러 정도로 크긴 했으나 관리할 만한 수준이었다. 1990년대에는 그 숫자가 천억 달러를 넘기 시작했다. 숫자가 엄청나긴 했으나 미국 경제 규모가 워낙 크니 상대적으로는 아직 작았다. 하지만 2000년대에 들어서면서 사태는 급속히 악화되었다.

중국이 수출경제로 성장한 기간이기도 한 21세기 첫 십년 동안 미국 무역적자는 연평균 6천 억 달러였고 2006년에 7,630억 달러로 최고였는데 이는 미국인 일인당 2,500달러를 넘는 수준이다.

2008년 경기침체가 시작된 이후 적자 수치는 줄어들기 시작했다. 하지만 나중에 보게 되듯이 미국 정책 때문에 이 긍정적인 방향 전환은 오래 가지 않았다.

보통 무역적자는 스스로 바로잡는 경향이 있다.

무역 흑자국, 즉 해외에서 사는 것보다 더 많이 해외에 파는 나라는 자국 화폐에 대한 국제적 수요가 생긴다. 사람들이 어느 나라 물건을 원한다는 것은 그 나라 화폐가 필요하다는 말이다. 그 결과 무역수지가 흑자인 나라의 통화는 강세를 띠게 된다. 무역수지가 적자인 나라는 그 반대다. 어느 나라의 물건을 아무도 원하지 않는다면 그 나라 통화는 아무도 필요로 하지 않을 것이다.

하지만 한 나라 통화가 강세를 띠면 그 나라 제품은 비싸진다. 이렇게 되면 통화가 약세인 나라는 자기네 제품을 팔 수 있는 경쟁 기회가 생긴다. 약세 통화국이 더 많이 팔면 그 나라 통화에 대한 수요가 늘어난다. 이렇게 통화가 평형을 이루게 하는 힘은 무역 불균형이 커지는 것을 막아 준다.

하지만 달러의 기축통화 지위와 중국 정부가 자국 화폐를 달러에 고정시키는 결정으로 이 제도가 제대로 작동하지 않고 상황이 위태로워지고 말았다.

CHAPTER
13

고기창구의 폐쇄

고기준비지폐가 계속 유소니아에서 흘러나와 대양의 다른 섬들에 쌓여가자 마침내 해외 보유자 중에 유소니아가 자기에게 진짜 고기를 줄 능력이 있는가 의심하는 이들이 생겼다.

봉고비아의 강력한 지도자 척 드봉고^{Chuck DeBongo}는 유소니아의 오만한 힘을 깔봄으로써 국내에서 인기를 얻었다. 드봉고는 고기지폐를 수용하면 유소니아의 경제력만 불필요하게 높여 줄 뿐이라고 믿고서, 자기 금융 인사를 점점 더 많이 은행 고기창구에 보내서 지폐를 진짜 고기로 바꿔 달라고 요구했다.

그런 인출이 고기 잔고에 영향을 미치게 되자 기술자들은 다시 바빠지기 시작했다. 기술자들이 고기를 자르고 조각냄에 따라 공인 고기는 다시 매우 작아지고 인플레이션이 그 추악한 머리를 들게 되었다.

그 결과 섬 경제는 다시 악화되었다.

새 의회의장 슬리퍼리 딕슨^{Slippery Dickson}이 자기 경제보좌관들에게서 들은 바에 의하면, 다른 섬들이 봉고비아의 선례를 따른다면 고기준비은행에 대한 대양 전체의 인출소동으로 금고는 텅 비게 되고 지폐 가치는 떨어진다는 것이다.

바너클과 의원들도 염려하기 시작했다.

슬리피는 자기 시민에게 어려운 선택을 요구할 만한 배짱

이 없어서 손실의 책임을 외국인에게 뒤집어씌우기로 했다. 슬리피는 대담하게도 외국인 예금주들에게 은행의 고기창구를 폐쇄해 버렸다! 이제부터 고기준비지폐의 가치는 진짜 고기로 바꿀 수 있어서가 아니라 누군가가 그 지폐와 맞바꾸려고 하는 것의 가치에 따라 결정되게 되었다. 사실 지폐의 가치는 경제적・군사적 강국으로서 유소니아의 지위에 달리게 되었다.

'고기본위제'의 붕괴로 대양의 많은 섬이 지폐를 신뢰하지 않게 되었다. 결국 지폐의 가치는 크게 떨어졌다. 하지만 지폐가 여전히 대양을 통틀어 가장 보편화된 화폐이므로 그 가치하락은 마침내 안정을 찾았다. 유소니아 의회에게는 다행스럽게도 고기창구를 폐쇄한 덕분에 체제가 붕괴하는 대재앙(이것이 의원들에게는 유일한 실제 위험이었는데)으로 발전하지 않고 통화위기가 지나가게 되었다. 슬리피는 안도의 한숨을 내쉬었다.

척 드봉고는 화가 나 위협적인 연설을 했다. 하지만 그의 노력은 상징적인 데 불과했으며 유소니아의 권력은 끄덕도 하지 않았다.

나중에 불행히도 슬리피 자신은
훔친 파충류 금고에 연루된 물뱀
비리로 권좌에서 쫓겨났다.

통화위기는 과거의 일이
되었고 인플레이션은 대체
로 통제되고 고기창구 폐쇄
에도 불구하고 고기준비지폐
가 제 지위를 유지하면서 유소
니아 경제는 안정을 찾았다. 몇
년 후 러피 레드피쉬가 의회의장에 당
선되면서 번영을 향한 도약의 발판을 마련했다.

러피는 세금을 낮추고 부담
스러운 규제를 철회하였으며
다른 섬들과의 자유무역 장벽
을 줄였다. 하지만 그는 정부
지출을 줄이겠다는 약속은 지
키지 못했다. 그가 도입한 기
업 친화적 분위기에도 불구하
고 의회의 지출과 조세수입 간
의 간격은 계속 커져 갔다. 사
실 러피의 통치 기간에 그 간
격은 위험할 정도로 커졌다.

다행히도 신선한 고기가 해외로부터 계속 은행으로 굴러들어 왔다. 이 고기의 대가로 지폐가 지급되었지만 그것을 진짜 고기로 보상한 적은 없었다. 이런 우호적인 체제가 틀을 잡아 나가면서 유소니아는 일견 전례 없는 번영의 시대로 나아갔다.

교훈

유사 이래 인류는 온갖 종류의 물건을 화폐로 사용했다. 소금과 조개껍질, 구슬, 가축이 화폐로 사용된 시기가 있었다. 하지만 시간이 흐름에 따라 금속, 특히 금과 은이 화폐로 가장 널리 사용되었는데, 이것은 우연한 일이 아니다. 귀금속은 화폐를 가치 있고 유용한 것으로 만드는 성질, 즉 희귀성과 매력, 통일성, 내구성, 유연성을 모두 가지고 있다.

인간이 금속을 화폐로 원하지 않았더라도 금속은 다른 용도와 상대적 희귀성 때문에 가치가 있었다.

이와 대조적으로 지폐는 그것을 재화나 용역과 교환하기로 합의하는 사람이 충분히 많은 경우에만 가치가 있다. 그런데 이 때문에 지폐의 가치는 완전히 주관적인 것이다. 지폐는 마음만 먹으면 만들 수 있고 그 자체에 아무런 내재가치가 없으므로 사람들이 신뢰를 저버리면 무가치한 것이 되고 만다.

경제학자들은 이 모든 것을 이미 알고 있는 듯이 말하지만, 사실은 인류 역사상 광범한 경제 활동이 태환되지 않는 지폐에 기초하여 장기간 이루어진 예는 없다.

역사상 개별정부가 절박한 재정압박 때문에 가치 없는 화폐에 목을 맨 사례는 많이 있다. 그런 실험은 언제나 비극으로 끝났는데, 특히 그런 나라의 국민이 피해를 떠안았다.

왜냐하면 이웃나라들이 계속 실질화폐를 발행하는데 한 나라가 무가치한 화폐를 유지하기는 불가능하기 때문이다. 자연히 외국인들은 무가치한 화폐를 받으려 하지 않을 것이고 마침내 그 나라에서도 실질화폐에 대한 암시장이 생길 것이다.

하지만 지금 우리는 지난 40년 동안 어느 나라도 실질화폐를 발행한 적이 없는 '거울로 보는' 세상에 있다. 이것은 지금까지 행해진 통화실험 중 가장 큰 것이다. 아무도 그것이 언제 어떻게 끝날지 모른다. 하지만 그것이 언젠가는 끝난다는 사실만큼은 확실하다.

오두막 과잉공급

찰리 파도타기 사가 서비스 부문으로 전환하여 성공했음에도 불구하고 은행 대출 담당자는 위험성 있는 서비스 부문 사업에 자금을 제공하는 데 주저했다. 대출 담당자들은 안전한 투자를 찾다가 곧 섬에서 잠자고 있는 오두막 대출시장이 저위험 대출의 좋은 대상이 될 수 있겠다고 눈을 돌렸다.

그때까지는 오두막시장이 경제 전반에서 두각을 나타내지 못했다. 섬 주민의 열대 생활양식에 잘 맞는 오두막은 통상 큰 사업거리가 되지 못했다. 하지만 경제가 번성하고 금리가 낮으니 크고 더 나은 새 오두막에 대한 수요가 나타나기 시작했다.

전통적으로 섬 주민은 오두막을 구입할 때 수년간 저축한 싱싱한 고기를 전액 지불했다. 하지만 시간이 흐름에 따라 은행은 보다 안전한 차입자에게 오두막 대출을 하기 시작했다. 이 대출 덕분에 차입자는 오두막 구입을 늦출 필요 없이 자기 저축이 구매가격과 일치하든 않든 구입할 수 있게 되었다.

그런 대출이 섬의 생산능력을 확대하거나 (사업대출처럼) 차입자의 상환능력을 증가시키지는 않지만 대출상환의 안전성은 높였다. 왜냐하면 증명되지 않은 사업 아이디어를 가진 사업가에게 대출하는 것과는 달리 오두막 대출은 오두막 자체가 확고한 담보로 붙어 있기 때문이다. 차입자가 대출을 갚지 못하면 은행은 그 오두막을 취하고 그것을 팔아 대출자금을 회수할 수 있는 것이다.

하지만 이 담보로써도 은행이 오두막 매각 후 대출금 전액을 회수할 수 있다는 보장이 없었다. 그래서 은행은 차입자에게 상당한 양의 고기를 할부상환으로 요구했다. 이 할부상환으로 은행은 오두막 구입자가 대금을 계속 지급할 것이라고 안심할 수 있다. 아울러 할부상환은 차입자가 대출금을 모두 갚지 못할 경우 은행의 손실이 무제한 커지는 사태를 막는다.

오두막 대출을 받을 수 있는 기회가 불평등하다고 불평하는 주민들이 있었다. 부자는 대출을 쉽게 얻지만 저축한 게 없거나 신용도가 낮은 사람은 대출 얻기가 훨씬 어렵다. 가난한 사람은 섬 상부계층의 부를 누릴 수 없다고 느꼈다. 의회는 이 문제가 선거 쟁점이 될 수 있다고 느끼고는 이 문제를 바로잡고자 했다.

클립 콧 의원은 오두막 소유가 유소니아 드림의 핵심이라고 주장하며 모든 사람이 오두막 대출을 얻을 수 있도록 정부가 보장하는 계획을 고안했다. 의회가 할부상환액과 대출금리를 매우 낮게 책정할 뿐 아니라 의회가 대출을 보증하여 차입자가 갚을 수 없는 경우 의회가 은행에 갚아 주는 것이다.

그 과정을 순조롭게 하기 위해 콧 의원은 은행에게서 오두막 대출을 매입하는 기관을 두 개 만들었다. 피니 매이^Finnie Mae 와 피쉬 맥^Fishy Mac 이 그것이다. 오두막 매입자는 그 기관에 직접 갚는다. 은행은 즉시 원금을 돌려받고 그 받은 돈으로 새 대출을 할 수 있다(그 노력의 대가로 후한 수수료도 받는다). 의회의 보증 덕분에 은행은 상환불능대출로 인한 손실을 방어할 여분의 수익이 더 이상 필요하지 않으므로 이자율을 낮추었다.

오두막 대출 프로그램은 은행에게 거의 위험이 없는 수익을 낼 수 있게 하므로 대단한 행운이었다. 이 제도는 오두막 한 채를 사기 위해 자기 수입의 절반을 더 이상 저축하지 않아도 되는 유권자에게도 인기가 좋았다. 이 영리한 수완 덕분에 콧은 거의 종신으로 의원직을 유지하게 되었다.

파도타기 학교에 등록하고 싶어하는 젊은이들에게 대출해 주는 '스시 매이Sushi Mae'라는 기관도 생겼다. 보증된 등록금 대출 덕분에 더 많은 주민이 파도타기 기술을 익히게 되었다.

스시 매이 대출은 얻기가 쉬워서 찰리 파도타기 학교는 등록금을 인상하면서도 학생이 떨어져 나가지 않을까 염려할 필요가 없었다. 곧 등록금이 인플레이션보다 더 빠르게 오르기 시작했다. 대부분의 경제학자는 높은 등록금이 파도타기 학위의 사회적 가치가 높아진 때문이라고 했다.

등록금 인상과 보조를 맞추기 위해 스시 매이는 보증하려는 대출 규모를 계속 키워 갔다. 몇 년이 못 되어 파도타기 학교 등록금은 일생에서 가장 큰 비용 중 하나가 되었다.

이와 비슷하게 피니와 피쉬가 활동하는 가운데 섬의 오두막 건설과 오두막 판매, 오두막 장식산업이 도약했다. 이런 활동은 섬의 생산능력을 점점 더 많이 앗아가기만 할 뿐, 진짜 고기를 잡거나 오두막 대출의 상환능력을 키우지는 못했다.

이런 대출정책이 모든 관련자에게 이득이 되는 것 같아 보여도 실은 거대한 위험을 낳고 있었다. 의회는 보증 없는 다른 대출에 비해 오두막 대출과 교육 대출을 선호하는 유인을 부여함으로써 신용시장을 왜곡했다. 이제 대출이 되는 것은 그것이 저축을 가장 잘 사용하는 것이기 때문이 아니라 오두막 소유와 교육을 장려하는 데 의원의 정치적 이해관계가 걸려 있기 때문이다.

피니와 피쉬의 보증 덕분에 오두막 대출 금리가 낮아졌으므로 섬 주민은 더 많은 대출을 할 수 있게 되었다. 그 결과 파도타기 학교 등록금과 마찬가지로 오두막 가격도 크게 높아지기 시작했다. 가격이 꾸준히 올라가면서 섬 주민은 오두막 소유가 단지 주거를 위해 가치 있는 지출일 뿐아니라 필수적인 투자수단이 되었다. 미래의 번영을 보장하기 위해서는 오두막을 소유하는 것이 저축보다 낫다고 생각하게 되었다.

의회가 오두막 매매 수익에 세금을 면제하고 오두막 대출 이자에 연말 세금 공제 혜택을 줌으로써 오두막 부문은 더욱 활성화되었다. 그 결과 오두막 매매업이 다른 사업을 시작하거나 장래를 위해 저축하는 것보다 훨씬 나은 금융계획이 되었다. 이렇게 되자 섬에는 오두막이 새로 많이 지어졌다. 반면에 저축과 새로운 사업은 적어졌다.

오두막 가격이 급속히 상승하자 대출액이 의회가 피니와 피쉬 대출에 정한 상한선에 도달했다. 이렇게 되니 콧 의원이 개입할 수밖에 없었다. 콧은 두 기관이 근본적으로 양호하다고 선언하며 의회에 대출한도 인상을 촉구했다. 콧의 주장은 항상 먹혀 들었다.

피니와 피쉬의 우두머리는 둘 다 콧의 오랜 친구인데 의원의 노력에 보답하여 재선 비용을 대고 콧의 오두막에 막대한 대출을 해주었다.

피니와 피쉬가 고기준비은행보다 투자자에게 더 높은 이자를 주므로 시노피아 인들은 자기네 여분의 고기지폐를 피니와 피쉬에 쌓았다.

그들은 의회가 두 대출기관의 부도를 보증한다는 사실에서 확신을 얻게 되었다.

시노피아의 투자고기가 오두막 대출시장에 유입되면서 신용이 불어났고 금리는 더 떨어졌다. 이로 인해 더 많은 대출을 받을 수 있게 되었다. 더 많은 대출을 받게 되면서 매입자는 신중을 기하지 않게 되고 오두막 가격은 더욱 치솟았다.

매니 펀드 7세는 이윤 가능성을 감지하고 시장에 뛰어들었다. 섬의 첫 모험자본가의 후예인 그는 피나나 피쉬도 건드리려 하지 않는 너무나 위험한 대출이 있음을 알아챘다. 하지만 오두막 투자에 혼이 빠진 사람도 있으므로 옛 매니 펀드의 허세를 이용하면 매입자에게 대출이 안전함을 확신시킬 수 있다고 생각했다.

매니는 '오두막 고기 추출'이라고 부르는 새로운 형태의 대출을 내놓았는데, 이것은 오두막 소유자가 자기가 이미 소유하고 있는 오두막을 담보로 더 많은 대출을 받아서 기존의 할부상환을 대체하는 것이다. 이 새 자금은 애초의 대출을 갚고도 남는 고기를 차입자 주머니에 넣어 주었다. 오두막 가격이 올랐으므로 더 많은 대출을 받을 수 있었던 것이다. 매니의 '추출' 대출 덕분에 오두막을 소유하고 있는 사람이라면 누구나 실제로는 공짜인 고기를 얻을 수 있었다.

매니가 추출 차입자에게 부과한 상대적으로 높은 이자로 그의 투자펀드는 투자자에게 더 높은 수익을 줄 수 있었다. 피니와 피쉬도 여기서 소외되지 않으려고 콧 의원에게 자기네도 이 위험하지만 수익성이 좋은 대출에 참여하게 해달라고 요구했다. 이 요구가 받아들여지자 두 기관은 추출시장에서 최대의 대출자가 되었다.

고기자산 추출은 오두막 개조산업에 대박을 안겨 주었고 이 산업은 경제활동에서 중요한 역할을 하게 되었다. 주로 수입한 오두막 개조 소품을 판매하는 곳으로 섬 전체에 퍼져 있는 체인점 '오두막 데포'는 전문가 수십 명을 고용하여 섬 주민들에게 오두막 개조라는 마술로 어떻게 돈을 벌 수 있는지 보여 주었다. 오두막 개조에 들인 고기 한 마리는 높아진 오두막 판매 가격으로 고기 두 마리가 된다고 널리 믿게 되었다. 왜 그렇게 되는지는 아무도 몰랐지만 전문가 말을 어떻게 의심할 수 있겠는가?

오두막은 이전보다 훨씬 화려해졌다. 벽난로 가장자리는 윤이 나는 전복 껍질로 장식했고 비단으로 꼰 줄 위에는 물통이 놓였다. 디자이너가 도안한 초가를 덮어씌우고 벽면 가득 창이 있는 오두막도 많이 생겼다.

얼마 지나지 않아 섬 주민은 자기가 사는 집 외에 투자 목적이나 휴가

용으로 오두막을 가지기 시작했다. 어떤 주민은 자기 오두막 꼭대기에 별장 오두막을 짓기도 했다.

그런데 이상한 일이 생겼다. 고기추출 대출 때문에 생긴 오두막 수요와 낮은 할부상환(혹은 무할부) 조건, 이윤 면세 정책, 피니와 피쉬가 보증한 결과로 은행이 차입자에게 준 고기 등으로 인해 오두막 가격은 급등하기 시작했다. 오두막 가격이 매년 몇 퍼센트씩 오르긴 했지만 이제는 매달 그만큼씩 올랐다! 보잘것없는 오두막에 대해서도 경매전쟁이 붙었다.

전통적인 수급정책이 힘을 발휘하지 못할 지경에 이르렀다. 섬 주민은 보통 연봉의 두세 배 이상을 오두막 구입에 지불하지는 않았다. 그런데 지금은 열 배나 스무 배도 지불한다. 사람들이 자기가 감당 못할 줄 알면서도 오두막을 구입하는 이유는 몇 년만 지나면 살 때보다 훨씬 높은 가격에 팔 수 있다는 믿음 때문이었다. 그런 이윤 가능성이 있고 오두막 값이 떨어질 위험은 없으며 인위적으로 낮은 금리의 대출과 같은 정부 유인책이 많으니 아무도 이 유혹을 뿌리칠 수 없었다.

오두막 가격이 급등하는 것이 의원들에게는 혜택이었다. 쉽게 얻은 재산이 유권자들에게 부자가 된 듯한 착각을 일으켰고 경제 지도자가 현명하다는 그럴 듯한 증거가 되었기 때문이다. 자연히 의원들은 이 회전목마 돌리기를 유지하려고 온갖 노력을 다했다. 벤 바너클과 교묘하게 칭찬받는 앨리 그린핀도 오두막 가격이 떨어질 수 없으므로 오두막 과잉공급 같은 일은 일어날 수 없다고 모두를 안심시켰다.

이 오두막 과열에 대해 정치가들만 목소리를 높인 것이 아니다. 섬에서 가장 존경받는 민간 부문 논객들도 열렬히 지지했다. 말쑥한 배리 코드로는 시민들이 현안을 토론하는 인기 좋은 무대 쇼를 진행했는데, 언제나 낙천적인 코드로 호황이 오래 지속된 이 시기를 '금붕어 경제'라고 이름 붙였다. 카프 개퍼 같은 고정 토론자는 어려운 시기가 올 것 같지는 않으며 은행정책도 지금이 제일 잘한다고 시민들에게 확신시켰다. 또 다른 전문가 돔 러스크핀은 소비자들에게 앞뒤 잴 것 없이 오두막을 사라고 충고했다. 웃음을 자아내려고 종종 불러오는 초대 손님 파이커 스킵은 오두막 붕괴가 임박했다고 경고했지만 그의 음울한 예언은 웃음만 자아낼 뿐이었다.

우리 모두는 미국에서 주택 거품이 커지는 기쁨과 거품이 붕괴하는 고통을 겪었다. 그러나 여기에서 기억해야 할 것은 대다수의 경제학자와 정부관료, 금융계 전문가들이 거품 붕괴가 코앞에 다가왔어도 그것이 재앙이라는 사실을 깨닫지 못했다는 사실이다.

그것은 마치 5등급 허리케인이 마이애미 해안에서 16킬로미터 앞까지 왔을 때에도 그것을 예측한 기상학자가 아무도 없었던 것과 같다. 주류 경제학자들이 완전 무지하다는 데 이것 말고 무슨 증거가 더 필요하겠는가?

어떤 객관적 가치평가 수단으로도 2006년 집값은 터무니없는 수준이었다. 가치평가는 주택 수급을 측정하려고 고안된 어떤 지표와도 연관되어 있지 않았다. 어떤 숫자도 이해될 수 없었다. 그런데도 경제학자들은 어떻게든 그 주택가격 인상을 합리화해 보려는 논리를 생각해냈다.

하지만 사람들은 오두막 부양책 뒤에 감추어진 내막을 보지 못했다. 정치가들은 거짓 번영이라는 환상으로 유권자의 높은 지지를 계속 얻고 싶었다. 기업들은 소비자가 자기 능력을 넘어서서 계속 지출하기를 원했고, 언론매체는 낙관적인 전망으로 시청률을 높게 유지하고 싶어했다. 은행과 주택할부 금융업자, 부동산 중개업자는 수수료와 이자로 계속 돈을 벌고 싶어했다. 모든 이익집단은 크고 추악한 돼

지에게 립스틱을 바르는 일에 안달이 났다. 그런데 놀라운 것은 이들의 설명이 받아들여졌다는 것이다.

그래서 이제 우리가 마침내 좀 더 현실적이 되었다는 것은 좋은 소식이다… 과연 우리는 현실적이 되었나? 아니다. 주택할부 시장이 붕괴되고 나서도 사람들은 여전히 주택가격이 어떻게 정부정책에 영향을 받는지 모른다. 그래서 부시 행정부와 오바마 행정부가 침체된 시장을 부양하기 위해 엄청난 양의 정부자원을 부어넣었지만, 사람들은 아직도 이 버팀목이 고통을 단지 지연시킬 뿐 어떻게 우리를 더 큰 추락으로 몰고 갈 것인지 깨닫지 못한다.

CHAPTER
15

오두막 함정

시장이 언제부터 내리막으로 돌아섰는지는 분명하지 않다. 아마 유명한 '크레이터 뷰 콘도미니엄 오두막'이 붕괴되면서부터일지도 모른다. 이 회사는 부대시설과 넓은 건평, 견줄 수 없는 바다와 산호초 전망을 내놓았지만 방문객이 떨어져 나갔다.

그 사업의 주된 인수자인 매니 펀드는 개발업자가 건축대출에 부도를 내자 큰 타격을 입었다. 당황한 부동산 투자자들은 크레이터 뷰 콘도의 손실을 보면서 자기의 위험 요소가 있는 다른 부동산도 자세히 살펴보았다. 확실히 불안감이 퍼지기 시작했다.

곧 크든 작든 구매자들은 시장이 최고점에 도달했다고 생각했다. 많은 사람이 자기가 갖고 있는 자산을 팔아서 몇 푼 안 되는 이윤이나마 챙기고 더 좋은 날이 오기를 기다리기로 했다.

단지 한 가지 문제가 있었는데, 모두가 동시에 같은 생각을 한다는 것이다. 시장에서 대부분의 소유주는 애초부터 자산을 오래 보유하려고 하지는 않는다. 그래서 시장이 하락국면으로 접어들기 시작하면 모두가 빠져나가고 싶어한다. 순식간에 섬에는 팔려는 사람만 넘쳐나고 사려는 사람은 없어졌다. 사태가 이렇게 되자 생각지도 못한 일이 일어났다. 가격이 완만하게 하락하지 않고 수직낙하하기 시작한 것이다. 오두막 공급과잉은 급격히 대규모 오두막 함정으로 바뀌었다.

한때 손쉽게 돈을 벌 수 있는 확실한 수단이던 오두막 소유가 갑자기 위험성 높은 사업이 되고 말았다. 가격이 더 이상 오르지 않자 오두막은 임대로 돈을 벌 수도 없게 되고 되팔아서 이윤을 내기도 불가능해졌다. 무지개 끝에 금항아리가 더 이상 나타나지 않게 되자 높은 대출금 상환이 부담으로 남게 되었다.

상황이 더욱 나빠진 것은 일시적으로 낮게 책정된 대출금리가 높게 조정되면서부터였는데, 이렇게 되자 급히 되팔아서 차익을 챙기려던 차입자는 더 이상 집을 갖고 있을 수 없게 되었다. 집 가치가 대출보다 작아지자 대출상환에서 벗어나고 싶은 유혹이 강해졌다. 이런 성향은 처음 구입할 때 한 푼도 내지 않은 사람이 특히 그랬다. 이미 지불한 돈이 없으므로 이런 차입자는 할부상환을 내지 않고 은행이 몰수하도록 내버려 두어도 잃을 것이 없었다.

부도를 내는 차입자가 점점 많아지자 매니 펀드의 증권대출사업부는 곧 파산을 선언했다. 손실이 이 고색창연한 기관을 덮쳤다. 그 후 머지않아 피쉬와 피니도 부도를 인정했다.

소비자들이 더 이상 오두막 증권으로 대출받지 않으니 오두막 과다공급 덕분에 성장한 산업들도 위기에 봉착

했다. 오두막 건축가와 디자인 상담가, 창틀 목수, 가정용품 판매원들도 대량 해고되었다.

얼핏 보기에 별개인 산업들도 타격을 받았다. 유소니아 나귀마차 제조업자들은 오두막 증권 대출로 크게 재미를 보았다. 오두막 가격이 오르면서 힘들이지 않고 고기를 주워 담던 주민은 점점 더 큰 마차를 살 수 있었다. 잘 나가던 시절에는 마차가 너무 커져서 나귀 네댓 마리는 되어야 끌 수 있었다. (나귀를 대부분 수입에 의존했기 때문에 이 점이 문제가 되었다.) 이용할 오두막 증권이 더 이상 없으므로 이 '목초 먹는 하마' 판매가 급감했고 마차회사들은 파산했다.

섬은 프랭키 딥 시대의 대규모 태풍 이후 최악의 경제위기에 빠졌다. 실업자들은 절망하여 의회에 해결책을 요구했다.

구제하기 위한 부양책

경제가 허약하다는 사실을 수년간 부인하던 의회의장 조지 배스^{George W. Bass}는 늦게나마 문제를 해결하기로 했다.

그의 참모진들은 소비자들에게 지출하도록 특히 오두막에 지출하도록 유인책을 제공할 것을 만장일치로 건의했다. 저축과 생산이 경제성장을 가져온다는 사실을 이해하지 못한 채 의회는 구제와 부양책을 펴기로 했다.

첫 번째 구제는 피니와 피쉬인데 의회가 이들을 직접 인수하고 그 손실을 보전하기 위해 고기준비지폐를 새로 발행하기로 했다. 구조조정된 두 회사에게 새 경영진이 된 의회는 신청서를 작성할 돈이 있는 사람이라면 누구에게나

아주 낮은 오두막 대출 금리를 제시하라고 명했다.

신용 얻기가 계속 쉬우면 오두막 수요가 늘어날 것이고 오두막 가격 하락이 멈출 것이라 기대한 것이다.

하지만 이 정책이 실패하자 배스는 일찍이 번영이 끝없을 것이라 자신 하던 벤 바너클을 포함한 최고 참모진들을 불러 비상회의를 개최했다.

의회의장은 특유의 친근한 태도로 말했다. "이봐요 바니! 그대는 이 점에 대해 장담했지요. 나는 이 경제라는 놈이 간단한 줄 알았어요. 그대 도 알듯이 그들은 만들고 우리는 먹으며 모든 이는 오두막을 한두 채 갖 고 있어요! 내 말은 어떻게 상어가 이 미끼를 물도록 냄새 맡게 할 것인 가 하는 거죠."

다른 의원들은 그의 비유가 의미하는 바를 알아내려 했으나 아무도 아 는 사람이 없었다.

신임 고기회계장인 행크 플랭크턴이 말했다. "저, 각하. 문제는 매우 간단합니다. 오두막 가격이 떨어져서 시민들은 이전만큼 부유하지 않다고 느끼고 그 결과 지출을 중단한답니다. 그러니 우리가 오두막 가격을 올려놓으면 사람들은 다시 지출하기 시작할 겁니다."

배스가 대답했다. "멋져요, 플랭키. 그건 식은 죽 먹기예요. 그렇다면 그걸 어떻게 할까요? 그 일을 책임 맡을 적임자는 누구일까요? 멋진 자리인 것 같으니 기부를 제일 많이 한 자를 임명하는 것도 좋을 듯한데."

플랭크턴이 말하기를 "저, 각하. 그게 그리 간단하지 않아요. 오두막 가격이 오르라고 명령만 한다고 되는 일이 아니거든요. 각하도 알듯이 우리는 피니와 피쉬더러 대출하라고 했죠. 하지만 불행하게도 그것만으로는 충분하지 않았어요. 어떤 이유에선지 사람들은 차입하고 싶어하지 않아요. 아마 대출 신청서가 너무 복잡한가 봐요. 당분간 사람들이 오두막을 사도록 금리를 내리고 세금을 감면해 줄 필요가 있겠어요. 그러면 대출 수요가 많아질 것이고 오두막 가격 하락이 멈추고 건축업자들이 다시 바빠질 테지요."

섬에 오두막은 더 이상 필요하지 않다. 오두막은 지금 있는 것만으로도 이미 너무 많다. 여기서 오두막을 더 짓는다면 에너지와 자원만 낭비할 뿐이다.

이와 마찬가지로 오두막 가격은 아직 너무 높다. 오두막 가격이 너무 높은 수준까지 올라간 것은 다시 회복되지 못할 요인들 때문이다. 오두막 가격이 떨어지지 못하게 하려는 것은 마치 다리를 떠받치는 보조 수단이 모두 떨어져 나간 후에 다리를 지탱하려는 것과 같다.

많은 주민이 자기 오두막에 대해 너무 많은 돈을 지불하고 있어서 불만이지만, 만약 실질 수요가 돌아올 때까지 오두막 가격이 내리고 건축이 중단된다면 섬 경제는 사실 나아질 것이다. 그렇게 되면 사람들은 오두막에 덜 지출하고 새 사업이나 나귀 한 마리가 끄는 마차와 같이 지금 없는 물건에 더 많이 지출할 수 있을 것이다. 새 오두막 건설에 사용될 대나무나 밧줄 같은 자원이 다른 사업에 사용될 수 있을 것이다.

불행히도 정부 개입 때문에 이런 자연스런 자원 재배분이 이뤄지지 못하고 있다.

플랭크턴은 자기 계획을 계속 풀어 갔다. "우리는 매니펀드가 부도나지 않도록 확실히 할 필요가 있어요. 매니펀드는 많은 사람에게 갚을 고기가 많아요. 만약 매니펀드가 망한다면 섬 경제 전체가 완전히 망가질 거예요. 아울러 매니펀드에 투자한 사람이라면 고기 한 마리라도 손해 보지 않도록 확실히 해야 해요. 이렇게 하지 않으면 우리 모두는 굶어 죽게 될 거예요… 특히 어린이들이."

배스가 대답했다. "음, 내가 보기에 그런 일은 일어나지 않을 거예요, 플랭키 씨. 그들에게 우리가 구제금융으로 구원할 것이라 말하세요. 이봐요, 그대도 거기서 일한 적이 있잖아요."

"예, 각하. 내가 그 회사 사장이었지요. 하지만 그 사실이 이 대화와 무슨 상관이 있는지 모르겠군요. 솔직히 그런 암시는 언짢아요."

배스가 계속 말했다. "어이쿠, 행크 씨. 농담이었어요. 좋아요. 오두막 가격이 다시 오르고 매니와 그 직원들이 사업을 계속하게 되면 어떻게 사람들로 하여금 다시 지출하게 할 건가요? 사람들은 어디서 고기를 얻게 되나요? 내 말은 지난 번 내가 확인할 때 우리 모두 매니의 참치부에 발을 약간 들여 놓았지요. 그 바람에 그 직원들이 갈고리를 들고 밖으로 나간 게 아닌가요?"

"저, 각하. 우리는 새 고기준비지폐를 모든 시민에게 나눠줄 계획이에요. 그렇게 하면 시민들이 지출할 거예요."

"멋지군요. 하지만 고기는 어디서 얻죠? 우리 기술자들이 철갑상어를 최대한 늘어뜨려 놓지 않았나요?"

"음, 각하. 시노피아 인들이 새로 주기로 했답니다. 상수도 시설 대가로 고기 십만 마리를 제의했답니다."

"잠깐만, 이보쇼. 상수도 시설을 판다고요? 그대는 우리 국가 안보를 위험에 빠뜨리고 있소! 그처럼 중대한 것을 뜨내기 정상배들에게 내어준다고 나를 비난할 거요. 그냥 대출만 받으면 안 되나요?"

몇 달 동안 팽팽한 협상을 벌인 끝에 배스의 대사는 시노피아 인들에게 상수도시설 판매가 정치적으로 불가능하다고 설득했다. 그 대신 시노피아 인들은 마지못해 고기 십만 마리를 대출하기로 동의했다.

배스는 좋은 결과가 나왔다는 말을 듣고는 말했다. "이봐요, 행크 씨. 대출을 얻다니 참 잘된 일이오. 그런데 한 가지, 그걸 어떻게 갚죠?"

"저, 각하. 우리는 단지 고기준비지폐를 한 뭉치 더 찍어내기만 하면 됩니다. 이번에는 아주 좋은 종이로요."

"음, 그런데 만약 그들이 지폐를 받지 않으려 하면 어떡하죠? 지금도 그렇지만 그들이 우리 지폐의 가치에 대해 늘어놓는 허튼 소리를 더 듣게 되지는 않을까요? 몇 년 전의 척 드봉고가 다시 돌아온 듯한 상황이 될 텐데. 우리가 그렇게 많은 지폐를 찍어내면 그들은 그것을 팔아 버리지 않을까요?"

"그럴 리는 없습니다. 각하. 그들이 고기준비지폐를 이미 얼마나 많이 가지고 있는지 생각해 보십시오. 그들이 더 이상 지폐 받기를 중단한다면 이미 갖고 있는 지폐들은 가치가 더 떨어질 겁니다. 그들은 우리 요구를 따를 수밖에 없어요. 사태가 위험해지면 그들에게 우리의 '강한 고기 정책!'을 상기시키면 됩니다."

"아, 그렇군요. 그 점을 깜빡했어요. 그것은 그대 뒷주머니에 넣어 두는 게 좋겠군요. 사태가 그렇게 되면 우리 지폐의 가치를 지지하기 위해 우리는 밖에 나가서 고기를 더 많이 잡아야겠죠?"

여기서 벤 바너클이 끼어들었다. "아닙니다, 각하. 강한 고기정책은 단지 말뿐입니다. 실제로는 아무 일도 하지 않습니다. 우리는 단지 '강한 고기정책'을 분명하고 큰 소리로 반복하기만 하면 됩니다. 아울러 각하께서 그 말을 할 때 주먹을 불끈 쥐고 탁자를 내리치시면 더 효과가 크겠죠."

"옳아요, 바니 씨. 단호하게 행동하는 것이 어떤 것인지 좀 알 것 같군요. 자, 이걸로 임무 끝! 그럼 파도 타기나 하러 갑시다!"

주택경기가 경제 전반에 미친 영향을 과소평가하는 경향이 있다. 주택투기가 한창일 때는 주택금융과 건설, 실내장식이 미국 경제의 중심 동력이 되었다. 모두가 행운을 잡았다고 생각했지만 장래에 치를 비용을 염려하는 사람은 거의 없었다.

부동산 '투기꾼'(자산을 줄곧 샀다가 팔곤 하는 사람)들이 번 이득 외에도 집 소유자들이 자기 집을 담보로 매년 수천억 달러씩 융자를 받았다. 이 과정에서 집은 세금 내지 않는 현금인출기가 되었다. 사람들은 그 돈으로 집을 개조하고 휴가를 떠나고 대학 등록금을 내고 자동차나 가전제품을 사는 등, 집 가치가 오르지 않는다면 할 수 없을 생활수준을 누렸다.

하지만 그런 부는 단지 신기루에 불과했다.

경제학자 로버트 쉴러는 자기 책 《불합리한 번영, 비이성적 과열 Irrational Exuberance》에서 1900년과 2000년 사이 백 년 동안 미국에서 집값이 연평균 3.4퍼센트 올랐다고 한다. (이것은 연평균 물가상승률보다 약간 높은 수치다.) 여기에는 그럴 듯한 이유가 있다. 물가는 사람이 지불할 능력과 강하게 연결되어 있고 지불능력은 소득과 신용가용성의 함수다.

하지만 1997년과 2006년 사이에 주택가격이 전국적으로 연평균 19.4퍼센트나 올랐다. 그 기간에 소득은 거의 오르지 않았다. 그러면 사람들은 어떻게 그처럼 비싼 집값을 치를 수 있었을까? 그것은 신용 때문인데 정부정책이 신용을 싸게 또 얻기 쉽도록 만들었기 때문이다. 하지만 신용이 무한정 늘어날 수는 없고 결국 상황이 나빠졌다. 그렇게 되니 가격은 더 이상 높게 유지될 수 없었다.

그래서 시장이 최고조에 도달했을 때, 몇 년 동안 경제에 부어졌던 저금리의 돈이 흘러들어오기를 멈췄다. 주택거품붕괴에 뒤따른 다른 경제적 역전이 없었더라도 경제는 공짜나 마찬가지인 돈이 없어져 위축되었을 터이다. 경기침체는 불가피했을 뿐 아니라 경제회복을 위해 꼭 필요하기도 했다.

하지만 경제가 위축되기 시작하자 의원들과 경제학자들은 그런 위축을 몇 년 동안 지속된 저금리 돈과 과다지출의 당연한 결과로 보지 않고 그 자체를 문제로 보았다. 달리 말하면 그들은 치료를 질병으로 잘못 인식한 셈이다.

부시 행정부와 오바마 행정부의 정책목표는 소비자들을 주택거품 붕괴 전의 수준만큼 지출하도록 부추기는 것이었다. 하지만 돈은 어디서 오는가? 실업률이 상승하고 소득과 주택가격이 하락하면 소비자는 어디서 돈을 얻는가?

경제학자들은 사람들이 지출할 수 없으면 정부가 나서서 그들 대신 지출해야 한다고 한다. 하지만 정부도 돈이 없기는 마찬가지다. 정부가 할 수 있는 일이라고는 세금을 거두거나 돈을 빌리거나 찍어내는 일뿐이다.

당분간 이 과정은 막대한 공공부채를 낳을 뿐이다(일 년에 1조 6천억 달러인데 계속 늘어난다). 이 수치가 엄청나 보이지만 이 부채 대부분은 공개시장에서 주로 외국인에게 팔 수 있다.

그러나 우리의 '행운'이 언제까지나 지속될 수는 없다. 궁극적으로 미국 정부가 선택할 수 있는 대안은 두 가지다. 부도선언(채권자들에게 우리가 지불할 수 없다고 말하고 협상을 벌이는 것)과 인플레이션(찍어낸 돈으로 만기 도래한 빚을 갚는 것)이다. 어떻게 하더라도 결과는 고통스럽다. 이 두 대안 중에서 실제 징벌과 새로운 시작 가능성을 제공하는 부도선언이 더 나은 방안이다. 하지만 불행하게도 더 나쁜 방안인 인플레이션이 정치적으로는 더 편리하다.

가속페달 밟기

배스와 플랭크턴이 행한 구제와 유인책에도 불구하고 유소니아 경제는 대오두막공황 동안 계속 나빠졌다. 이상하게도 새 오두막을 사려는 사람은 아무도 없었다. 정부가 부양책으로 내놓은 고기를 지출하는 대신 저축하는 사람도 있었다. 지출이 주춤하자 마차회사들은 문을 닫을 위기에 내몰렸고, '오두막 데포'사도 파산했다. 실업자는 늘어났고, 대중의 불만은 커져 갔다.

다음 선거가 관건이었다. 의장 후보인 배리 오쿠다는 배스 집단을 국가적 위기에 제대로 대처하지 못했다고 몰아세웠다. 오쿠다는 배스의 정책을 가치 없는 미봉책이라고 비난했다. '변화'라는 주제로 선거운동을 하면서 오쿠다는 섬 경제를 돌려놓기 위해 정부가 더 많이 노력하겠다고 약속했다.

권좌에 오른 후 이 젊은 의장은 배스 정책을 세 배 규모로 확대함으로써 변화를 꾀하긴 했다! 그는 몇 가지 새 프로그램을 고안하여 새로 인쇄한 고기준비지폐를 경제에 집어넣었다.

오쿠다는 정부가 오두막 구입자에게 주는 보조금 액수를 늘렸다. 처음에는 첫 오두막 구입자에게만 보조했으나 그 다음에는 후속 구입자에게도 보조했다. 그리고 피니와 피쉬가 부과하는 금리도 다시 낮추었다.

파도타기 학교 등록자가 급감하는 것을 알고는 학교에 직접 지원을 늘렸고 학자금 융자를 더 쉽게 얻을 수 있도록 했다.

그는 '그늘 늪'에 새 등대 건설을 인가했다. 기술자들이 등대가 전혀 불필요하다고 지적하자 오쿠다는 건설 일자리만으로도 경제에 큰 힘이 될 것이라는 점을 상기시켰다.

오쿠다는 대체에너지원 개발 필요성에 강한 신념을 가졌고, 다음과 같이 주장했다. "우리 사회는 나귀에 너무 의존하게 됐습니다. 라마가 우리

섬 기후와 지형에 훨씬 더 잘 맞습니다. 라마는 풀을 적게 먹을 뿐 아니라 잘 넘어지지 않고 행동거지도 더 나으며 토종 나귀보다 새끼도 더 자주 낳습니다. 무엇보다도 라마는 배설물 냄새가 덜 거슬립니다."

오쿠다는 옛 경제를 변화시킬 다단계 계획을 수립했다.

우선 대규모 경기부양 지출을 통해 라마에 기초한 도로망 채택을 서둘렀다. 이를 위해 정부가 강력히 추진하는 라마 번식 프로그램을 요청했다. 제조업체들(지금은 의회가 직접 운영하는)에게 마차를 라마 사용에 맞게 새로 디자인하고 개조하도록 명했다. 섬 전체의 마차 도로에 라마 발에 더 잘 맞는 표토를 깔도록 했다.

그 다음 오쿠다는 '마차 교환' 프로그램을 고안하여 목초를 많이 먹어 치우는 마차를 연료 효율성이 높은 마차로 바꾸도록 유인을 제공했다(이 것은 작은 마차를 주로 만드는 시노피아 마차 회사들에게 대단한 희소식이었다).

마차교환 프로그램과 그늘 늪 등대건설이 창출한 일자리의 긍정적 영향을 당연하게 보는 사람이 많다. 이런 정책이 얼마나 판매를 부양하고 고용을 늘리는지는 쉽게 알아볼 수 있다.

하지만 의회가 자금을 댄 오두막 대출의 경우처럼 그런 지출이 섬 자원을 가장 효과적으로 사용한 것인지는 명확하지 않다. 사실 이런 활동 중 어느 것도 생산력을 크게 늘린 것은 없다.

자금을 댈 만큼 중요하다고 의회가 생각한 활동에 노동이나 자본을 돌린 결과 일자리가 새로 생기지 않았거나 줄지는 않았는지도 분명하지 않다.

시장의 힘은 시행착오를 겪으면서 투자자본을 어떻게 사용하는 것이 최선인지를 결정한다. 시장을 잘못 읽는 기업이나 투자자는 손실을 입고 도태된다. 시장을 제대로 읽는 기업이나 투자자는 이윤을 내고 자본을 더 끌어들이며 확장한다.

그물이나 농기구, 카누 만드는 데 노력을 기울였다면 더 나았을 터이다. 사람들이 가장 원하는 것을 원하는 때에 제공하는 사업이 가장 성공적인 사업이다. 하지만 지금은 자유시장이 제대로 인정받지 못하는 마당에서 섬 전체가 해야 할 결정을 소수의 사람이 맡아서 하고 있다.

오쿠다와 그의 동지 낸 쉘로우시가 새로 인쇄한 고기지폐 더미를 지출할 준비를 할 때 한 가지 간과한 일이 있으니, 유소니아에 고기가 완전히 바닥났다는 사실이다. 그들이 계획한 지출은 자금을 모두 해외에서 조달해야 했다.

외국인들이 실제 재화를 종이와 거래할 용의를 보이지 않았다면 유소니아 인들은 생산한 것보다 더 많이 소비할 수 없었을 터이다. 그러므로 유소니아 인들이 지금 선택할 수 있는 대안이라고는 다음의 셋뿐이다.

1. 소비를 줄이고 저축으로 빚을 갚는다.
2. 생산을 더 많이 하고 여분의 재화를 팔아 빚을 갚는다.
3. 지금 소비 수준을 유지하기 위해 더 빌린다.

처음 두 가지는 유소니아 인에게 괴로운 결과를 가져온다. 그들이 일을 더 많이 하거나 적게 먹거나 해야 한다. 세 번째 방안은 모든 희생을 외국인에게 떠넘긴다. 아나나 다를까 의원들은 대담하게도 고통을 해외에 보내기로 했다. 그렇게 하면서 의원들은 재개된 지출로 국내 경제가 활력을 회복하리라고 기대했다.

∴ 현실 확인

하지만 사람들이 지출하기 때문에 경제가 성장하는 것이 아니라 경제가 성장하기 때문에 사람들이 지출한다는 사실을 기억하라. 이 놓치기 쉬운 진리를 의원들과 모든 보좌관들은 인식하지 못했다. 한편 새로 인쇄한 지폐는 형편이 나아지고 있다는 환상을 만들어냈다.

실업자들은 국내에서 일자리가 사라지는 만큼 시노피아에서는 빠르게 일자리가 창출된다는 것을 알았다. 이렇게 된 것은 시노피아가 고기지폐를 매입하니까 고기지폐 가치가 올라가고 시노피아 제품이 저렴해져서 사지 않고는 못 배기기 때문이다. 따라서 오쿠다와 쉘로우시는 드러내 놓고 시노피아 인들에게 지폐 매입을 자제해 달라고 로비했는데 그

렇게 하면 고기지폐 가치가 떨어져서 유소니아 제품이 더 경쟁력을 가지게 될 것이기 때문이다.

물론 시노피아가 어떻게 오쿠다가 제시한 지출을 위해 자금 댈 고기대출을 하면서 동시에 그 자금조달 수단이 될 고기지폐 매입을 줄일 수 있는지는 아무도 몰랐다. 그런 질문을 할 엄두를 내는 사람도 없었다. 의원들은 이전보다 더 많이 빌릴 준비가 됐지만 누군가가 빌려주어야 한다는 건 잊고 있었다.

바다 건너편에서 시노피아 인들은 의원들의 계획에 대해 무관심했다. 노동자들이 고기지폐를 사기 위해 얼마나 더 많은 진짜 고기를 주어야 할지에 대한 소문을 듣자 사태가 불안해지기 시작했다.

시노피아 인들은 대부분 너무 많이 일하고 너무 적게 받는 것이 불만이었다. 유소니아에는 있는 사회보장을 자기 정부는 제공하지 않으므로 보통 시노피아 인은 노년에 오두막이나 고기 없이 지내게 될까 봐 많은

돈을 저축했다. 모두가 일하면서도 나귀(마차는 고사하고)를 가진 사람은 없었으며 파도 타는 사람도 없었다. 파도를 탄다 해도 판자 하나에 네댓 명이 탔다.

시노피아 왕은 이런 사정 때문에 열정을 잃었고 특히 오쿠다가 발표한 엄청난 지출 계획이 거슬렸다. 왕의 보좌관 중에는 앨리 그린핀의 제자가 많은데 이들은 자기네가 매입을 멈추면 고기지폐가 가치를 잃지 않을까 염려하기 시작했다. 만약 그렇게 되면 유소니아 인들은 더 이상 시노피아 제품을 이전같이 많이 사지는 않을 것이다.

보좌관들이 생각해 보니 유소니아의 엄청난 수요가 없다면 자기네 수출공장이 문을 닫고 실업과 불만, 심지어 반란(이것은 시노피아에서 허용된 적이 없다)까지 생길 수 있었다. 이러지도 못하고 저러지도 못하여 시노피아 왕은 현상유지를 계속하면서 답이 나오기를 기대했다.

어느 날 왕의 경제보좌관들은 조사 여행을 떠났고, 왕은 깊은 생각에 잠겨 있었다. 한 농부가 왕국 경비를 따돌리고 생각에 잠긴 왕에게 다가와 말을 걸었다.

"영화로우신 지도자시여! 저의 참

견을 용서해 주십시오. 제가 듣기로 폐하께서는 고기 생각으로 고민하신다고 합니다만 제가 도움이 되어 드리지요."

왕이 큰 소리로 말했다. "이것은 무역과 저축, 투자, 계획에 관한 큰 문제다. 자네가 어찌 그런 일을 안단 말인가?"

농부는 인정했다. "물론 모릅니다. 하지만 저의 마을에서는 나무그릇만을 만드는데 그것을 바다 건너 보냅니다. 그 대가로 우리는 지폐를 받는데 장래를 위해 저축하지요. 언젠가 우리는 그 종이로 물건을 사리라 기대하지만 지금은 조금밖에 없지요. 우리가 그릇을 보내면서 왜 우리 자신은 그릇이 없는지 의아합니다. 우리는 아직도 고기를 마루에 놓고 먹는답니다. 대단히 비위생적이죠. 만약 우리가 우리 자신을 위해 그릇을 만든다면 더 간편하지 않을까요? 그렇게 한다면 우리 노동은 우리 삶을 개선할 텐데요."

왕이 말했다. "그건 어리석어. 수출을 하지 않는다면 우리 백성은 굶주릴 거야. 달리 어떻게 우리 경제를 운영할 수 있겠나?"

"저, 왕이시여! 제가 말씀드렸듯이 우리는 그릇을 잘 만듭니다. 폐하의 현명한 지도력 아래 우리는 남을 정도로 많은 고기를 잡으므로 국내에서 우리 그릇과 자기 고기를 교환할 사람만 있으면 됩니다. 그러면 우리 생산력이 모두 국내에 머물게 되고 우리 백성은 많은 그릇과 거기에 담을 음식을 더 갖게 될 것입니다."

왕은 의아했다. "하지만 잠깐, 유소니아 인들은 우리보다 훨씬 부유해. 우리가 만든 물건을 사라고 어떻게 그 나라 시민과 경쟁할 수 있겠

나? 그들은 더 많이 지불할 수 있어. 그들이 고기지폐를 가지고 있으니."

"송구합니다만 우리에게 왜 그들의 지폐가 필요할까요? 그 지폐가 가치를 가지는 것은 순전히 우리 고기와 우리 그릇 덕분이 아닙니까? 우리가 제품을 만드니 당연히 우리가 그것을 누려야지요. 우리 제품을 아무것도 받지 않고 거저 주어 버리는 짓은 그만두어야 합니다."

그 농부의 단순한 말이 왕에게 깊은 인상을 심어 주어서 왕은 정책을 바꾸기로 했다. 더 이상 고기지폐를 사지 않기로. 이제부터 시노피아 인은 자기 제품을 진짜 고기와만 거래할 것이다! 왕은 농부가 옹호하는 급격한 변화에 대해 불안해서 점진적인 개혁을 하기로 했다. 어떻든 왕에게는 나무그릇은 아니지만 그릇이 많았던 것이다.

　　몇 분기의 긍정적인 국민소득 통계를 기초로 경제학자들은 대침체가 끝났다고 말한다. 하지만 실업률이 아직 10퍼센트 이상이고 저고용(직장 구하기를 포기했거나 비정규직 노동자)이 17퍼센트를 넘는 형편에서 그런 듣기 좋은 소식은 많은 미국인을 당황하게 할 뿐이다.

　　사실 대침체로 인해 경제는 고통스러운 작업을 시작했으나 경제의 균형을 회복하는 작업을 완성하지는 못했다. 2009년에 국민저축률이 몇 년 만에 처음으로 올랐고 무역적자도 2000년대 초반에 최고점에 도달한 후 줄어들기 시작했다. 하지만 부시와 오바마의 경기부양책은 이 추세를 멈춰 세웠다. 점점 커지는 부채 때문에 생산성에 걸맞는 생활수준으로 돌아가는 과정이 늦춰지게 되었다.

　　하지만 예견할 수 있는 장래의 어느 시점에, 아마도 몇 년 안에 우리 부채는 엄청나게 커질 것이다. 이제까지는 총알을 피해 왔다. 하지만 불행하게도 재정적자가 해마다 커지고 사회보장과 빈곤층 의료보호제가 파산할 위험(부분적으로는 베이비붐 세대의 은퇴로 인한 인구구성 변화 때문이기도 하다)이 있으므로 총알은 우리를 향해 더 자주 더 세게 날아올 것이다.

　　미국 정부는 문제에 직면할 의지를 전혀 보이지 않았다. 상당한 정도의 정부지출 삭감은 시도는커녕 고려도 되지 않았다. 오바마 대통령은 임기 초에 '낭비적인 지출'을 발견하기 위해 3조 달러의 연방예산을 '한 줄 한 줄' 검토해 보였다. 그 결과 예산의 0.5퍼센트에도 못미치는 170억 달러라는 하찮은 액수를 절감하는 데 그쳤다. 그처럼 인색한 삭감 제안도 민주당과 공화당 모두에서 엄청난 저항을 불러일으켰다.

우리 정부가 재정긴축을 시행하지 않으면 이윽고는 우리의 채권자, 대표적으로는 중국과 일본이 긴축을 시행해야 할 것이다. 긴축을 시행하는 형태는 다양하지만 가장 유력한 방식은 그 나라들이 우리 부채를 더 이상 매입하지 않는 것이다.

당분간 그 나라들은 시노피아 인과 같은 함정에 빠져 있다. 그들이 부채상환 능력이 없는 고객에게 신용을 계속 연장하는 짓이 자원 낭비라고 깨달으면 정책을 전환할 것이다. 그때가 되면 그들은 자기 생산물을 국내 소비자에게로 돌릴 것이고 국내 소비자가 자기네 노동의 열매를 충분히 누리게 될 것이다.

불만이 증가하고 국제통화 개혁의 요구가 있어도 그 나라들이 일시적으로는 대출을 계속해 왔다. 하지만 그들의 역량이 언제까지나 지속될 수는 없다.

현재 정부부채의 절반 이상을 외국 정부에 지고 있으니 그 나라들이 매입을 멈추면 누가 그들을 대신하겠는가? 이용할 국내 저축이 매우 적으므로 미국인만으로는 감당할 수 없다.

그날이 오면 부도선언과 인플레이션 두 가지 길밖에 없다. 두 방안 모두 구매력 저하와 금리 인상을 통해 미국인의 생활수준을 심각하게 낮출 것이다.

CHAPTER
17

주객전도

매일 들어오는 시노피아 고기 운송이 줄어들자 사태가 변하기 시작했다.

고기지폐의 최대 구매자인 시노피아가 매입을 줄이자 지폐의 공급이 수요를 압도하기 시작했다. 수요보다 공급이 많으니 가격은 하락하기 마련이다. 고기지폐 가치가 꾸준히 떨어지니 아무도 보유하고 있으려고 하지 않았다. 봉고비아 인과 더비쉬아 인도 시노피아 인과 같이 매입을 줄였다. 파는 사람은 넘치고 사는 사람은 없으니 고기지폐는 끝없이 추락했다.

가치가 폭락하는 지폐더미를 팔 수도 없게 되자 시노피아 왕은 사태가 통제할 수 없을 정도로 진행되었음을 알았다. 자기 섬의 고기지폐가 곧 휴지조각이 되리라는 사실을 알고서 왕은 신복들에게 난관을 감수할 준비를 시켰다. 대중집회에서 왕은 단기적인 고통이 곧 장기적인 이득으로 바뀔 것이라고 확신시켰다.

예상대로 시노피아의 고기지폐 저축은 물거품이 되었다. 사업들이 파산하면서 시노피아 경제는 혼란에 빠졌다. 하지만 농부가 예상했듯이 다른 사업들이 곧 나타나서 시노피아 인이 실제 필요한 물건을 만드는 데 여분의 생산력을 사용했다.

시노피아 인들은 이전과 같이 고기를 잡고 물건을 만들고 저축을 했다. 이런 것이 경제를 성장시키는 핵심 요소이므로 시노피아가 계속 위기에 빠질 이유는 없었다. 사실 더 많은 제품이 국내에 공급되고 저축도 자기네 은행에 더 많아짐으로써 생활수준이 개선되기 시작했다. 과거에 고기지폐에 묶여 있던 저축이 국내 소비를 위해 지역 공장을 개조하는 데 대출되었다. 더 많은 제품이 지역 소비자를 위해 생산되었으므로 시노피아 상점들에는 곧 물건이 쌓이게 되었다. 재고가 증가하니 가격은 하락했다.

농부가 예상한 대로 엄청나게 쌓인 고기지폐의 손실에도 불구하고 시노피아는 번영했다.

한편 유소니아에서는 사태가 반대 방향으로 치달았다. 국내 어획량이 미미하니 은행의 고기기술자들은 이전보다 더 열심히 더 창의적으로 일해야 했다. 공인 고기는 놀라운 속도로 작아졌고 인플레이션이 다시금 불붙었다. 하지만 이전의 인플레이션과는 달리 이번에는 통제를 벗어났다.

오래지 않아 공인 고기는 너무 작아져서 50마리 묶음으로 거래되다가 그 다음엔 백 마리 묶음이 되었다. 주민들은 단지 생존하기 위해 하루에 200마리 고기를 먹어야 했다. 고기지폐 저축은 가치가 없게 되었다. 이런 상황은 하이퍼인플레이션이라고 알려지게 되었다.

시노피아에서 들여오는 제품이 적으니 유소니아 소매점에는 재고가 줄어들었다. 고기는 여위고 제품은 적으니 물가는 오를 수밖에 없었다!

의원들은 소란스런 운동을 통해 소매업자들이 '가격착취'를 한다고 공격했다. 의원들은 탐욕스런 사업가들이 재화와 용역의 가격을 통제하기로 합의만 하면 인플레이션이 멈출 것이라고 주장했다. 하지만 이런 수단은 인플레이션의 원인보다 증상에만 초점을 맞춘 것이어서 사태를 악화시킬 뿐이다. 화폐가치가 떨어지는 것을 통제하지 않으면서 제품에 매기는 가격에만 제한을 두니 제조업자와 소매업자는 이윤을 낼 수 없었다. 그 결과 그들은 판매를 그만두었고 암시장이 형성되어 불법적으로 높은 가격에 거래가 이루어졌다.

고기지폐에 문제가 있음을 간파한 시민들 중에는 자기의 남은 저축을 보호하려고 고기를 자르거나 토막 내지 않는 해외 은행에 예금하는 이도 생겼다.

하지만 이런 추세를 감지한 의원들이 섬 밖으로 저축을 옮기는 것을 불법화했다.

고기가치가 줄어드는 것에 대한 두려움이
너무 만연하여 예금을 은행에 장기간 묶어
두는 사람은 없었다. 고기를 잡자마자 즉
시 잘라서 소비해 버렸다. 경제가 성장하
기 전과 같이 다시금 저축도 없고 신용이
나 투자도 없게 되었다.

　　의원들은 어떤 묘안도 떠오르지 않
아 늘 해왔던 것을 되풀이했다. 그들
은 다음 번 부양계획을 의논했다. 분명히 지난 번 부양책은 규모가 너무
작았다. 다음 번 부양책은 좀 더 강해야 한다! 하지만 무슨 부양책을 쓸
수 있을지에는 모두가 회의적이었다. 이런 낙담한 시점에 분위기를 띄운
것은 수평선 위로 나타난 시노피아 화물선이었다.

의원들은 흥분했다. 그들은 시노피아 인들이 고기지폐를 포기한 것이 실수였음을 알아차린 것이 틀림없다고 동료 시민들을 안심시켰다. 시노피아 인들은 다시 고기준비은행에 예금할 것이다.

하지만 시노피아 배가 항구에 짐을 부리자 전혀 다른 일이 나타났다.

시노피아 상인들은 수레 가득 진짜 고기와 고기지폐를 싣고 섬 전체를 누비고 다니면서 모든 물건을, 심지어 금지된 것까지 사들였다. 유소니아에는 진짜 고기를 가진 사람이 없으므로 시노피아 인들은 어떤 물건에 대해서도 낙찰되었다.

시노피아 인들은 상수도 시설을 매입하고 그것을 해체하여 화물카누에 실었다. 등대도 그런 식으로 했다. 나귀마차를 모조리 사들이고 파도타기판과 손 그물, 중고 봉고와 심지어 대규모 고기함정도 사들였다. 그

뿐 아니라 시노피아 노동자들은 비어 있는 콘도까지 별장으로 사용하려고 사들였다.

시노피아 인들이 장보기 잔치를 끝내고 떠났을 때 가치 있는 것은 아무것도 남아나지 않았다. 그들이 남긴 것은 몇 년 동안 모은 고기지폐였다. 유소니아 인은 적어도 요리할 땔감은 많이 가지게 되었다. 요리할 음식을 발견하는 것은 별도의 일이다.

의원들은 파탄을 조사하고 무엇이 잘못 되었는지 생각했다. 분명 지출은 했는데 왜 경제가 성장하지 않을까? 마침내 분명해졌는데, 자기네가 생각한 것보다 훨씬 간단했다.

해답을 구하며 염려하는 대중에게 오쿠다 의장은 어떤 정치가보다 더 정직한 말을 내뱉었다. "그물 만드는 법을 기억하는 사람 있나요? 이제 우리 모두 고기 잡으러 갈 때라고 생각해요."

역사상 가진 것보다 더 많이 지출하는 정부는 모두 문제에 봉착했다. 지출과 수입 사이의 간격이 너무 크면 어려운 선택을 해야 한다.

한 가지 방안은 세금을 늘려서 수입을 올리는 것이다. 이 방법은 시민에게 인기가 없고 민주국가에서는 관철시키기도 어렵다. (골치 아픈 선거를 치르지 않는) 독재국가에서도 세금인상은 문제가 있다. 세율을 높이면 생산성이 떨어지고 경제 활력이 약화된다. 세금을 얼마나 높일 수 있느냐에는 한계가 있다. 너무 높이면 사람들이 일하기를 그만둔다. 거기서 더 높이면 반란도 일어난다.

훨씬 나은 방안은 정부지출을 줄이는 것이다. 하지만 이것은 종종 세금인상보다 더 어렵다. 혜택이 깎이는 사람들은 자기네 반감을 여론조사나 거리에서 표출한다. 이것은 수혜자가 그럴 자격이 있다고 생각할 때 특히 그러하다. 정치가들은 선거에서 이기기 위해 많은 공약을 내거는데 투표자는 그 공약을 이행할 능력이 납세자에게 있는지는 고려하지 않는다.

정치적으로 인기 없는 이 두 방안을 피하기 위해 어떤 정부는 채무 불이행을 선택하기도 한다. 이 방안은 한 나라가 그 채권자들에게 부채를 다 갚지는 못하겠다고 말하는 것이다. 부채가 거의 외국인에게 지고 있다면 결정하기가 그만큼 수월하다. 정치적으로 말하면 자국민에게 세금을 올리거나 혜택을 중단하기보다 외국인에게 빚을 갚지 않는 편이 낫다.

정치 지도자에게는 채무불이행이 파산을 공식적으로 인정하는 것이므로 자못 당혹스럽다. 이를 피하기 위해 많은 정치가들은 화폐를 찍어내어 부채를 갚는 방식을 택한다. 화폐를 발행하여 부채 가치를 떨어뜨림으로써 자기 책무를 효과적으로 피하는 셈이다. 이런 인플레이션이 가장 쉬운 방안이므로 가장 잘 이용된다. 하지만 처음에는 쉬워 보여도 나중에는 값비싼 대가를 치르게 된다.

인플레이션의 결과 정부는 어려운 선택을 하지 않아도 되며 교묘하게 부채를 모면한다. 화폐를 찍어냄으로써 정부는 명목상으로는 자기가 진 빚을 모두 갚지만 그 결과 자국 화폐는 가치가 하락한다. 채권자들은 빚을 회수하지만 받은 것은 가치가 별로 없고 하이퍼인플레이션이 되면 아무런 가치도 없게 된다.

인플레이션은 특정 통화로 저축한 사람에게서 같은 통화로 빚을 진 사람에게로 부를 이전하는 수단일 뿐이다. 하이퍼인플레이션의 경우에는 저축의 가치가 완전히 사라지고 빚의 부담도 모두 제거된다. (실물자산을 소유한 사람은 타격을 입지 않는데 그 이유는 화폐로 하는 저축과는 달리 실물자산은 인플레이션이 있을 경우 그 명목가치도 덩달아 오르기 때문이다.)

하이퍼인플레이션은 이전에 여러 차례 발생했다. 1790년대에 프

238

랑스에서, 1860년대에 미국 연방 주들에서, 1920년대에 독일에서, 1940년대에 헝가리에서, 1970년대와 1980년대에 아르헨티나와 브라질에서, 오늘날 짐바브웨에서. 이 모든 사례에서 하이퍼인플레이션으로 내달은 여건과 그에 뒤따른 경제적 파국은 놀랄 정도로 비슷하다. 그 나라들은 자국 화폐 가치를 씻어냄으로써 엄청난 부채를 갚았다. 그 결과 자국민은 극심한 가난에 내던져졌다.

오늘날 미국은 하이퍼인플레이션을 겪는 최대의 선진 경제가 될 것이다. 최강대국이라 해서 그런 일이 생기지 않는 것은 아니다. 지금까지 어려운 고비를 넘길 수 있었던 것은 미국 달러가 기축통화였기 때문이다. 기축통화라 함은 경제 기반이 아무리 악화되어도 그 화폐는 계속 널리 받아들여진다는 의미다. 하지만 달러가 기축통화 지위를 잃으면 이전에 휴지조각이 된 화폐들처럼 맥없이 무너질 것이다.

우리는 스스로 결정할 능력을 잃기 전에 지금 이런 가능성을 직시하고 그 가능성을 뿌리 뽑아야 한다.

이 이야기에서 유소니아가 보인 비극적 결말이 꼭 그처럼 큰 섬인 미국이 맞닥뜨려야 할 운명이라는 뜻은 아니다. 불행히도 우리 지도자들이 애초에 금융위기를 촉발한 것과 같은 정책을 더 오래 추진할수록 파국은 더 커질 것이다.

정부의 부양책이 자본주의의 표면적인 실패에 대한 해독제가 될 수 있다는 생각은 케인즈가 창안했고 루스벨트가 키웠지만, 진정 열매를 맺은 것은 앨런 그린스펀과 조지 부시, 벤 버냉키, 버락 오바마 때가 되어서이다. 2002년 이전에는 이처럼 거액의 재정적자가 없었고(오늘날에는 재정적자가 매년 1조 5천억 달러에 달한다) 이처럼 극단적으로 낮은 금리와 신용시장의 조작도 없었다.

실수는 매우 단순하지만 우리는 계속 그 실수를 저지르고 있다.

2002년에 전혀 희망이 없는 회사들에 수십억 달러를 부어넣은 닷컴 회사 거품 시기 이후 경제는 침체의 연장으로 들어섰다. 하지만 새로 취임한 조지 부시는 경제가 나빠서 재선되지 못하는 걸 원치 않았다. 그래서 그와 참모진은 정부지출과 손쉬운 돈이라는 케인즈 방식의 해결책에 호소했다. 그 규모는 여러 세대 동안 보지 못하던 것이었다.

그 결과 2002년과 2003년에 걸친 경기침체는 역사상 가장 경미한 침체였다. 하지만 이런 혜택은 심한 장기 비용을 동반했다. 미국이 그 경기 침체를 마칠 무렵에는 경기침체가 시작하기 전보다 더 큰 불균형이 생겼다. 이런 일이 생길 줄은 아무도 몰랐다.

다시 말해 기술 거품이 터진 후유증을 일시적으로 극복한 것에 불과했다. 더 큰 자산(주택) 거품이 시작된 것이지 실질 성장이 아니었다. 주택 가격 상승은 많은 '수혜'를 낳았지만 경제가 건강한 것처럼 변장한 것에 지나지 않았다. 하지만 우리가 보았듯이 그 수혜는 환상에 불과했다.

6년 후 또 다시 경기침체가 왔을 때 앞선 실수로부터 아무것도 배우지 못했다는 사실이 진정 비극이었다. 2008년 경기침체의 원인 진단과 치유책 처방에 있어서 경제학자와 정치가들은 위험할 정도로 오류를 범했다.

금융계가 내부폭발한 지 몇 개월 후에 그 위기를 초래한 것은 적절한 규제가 없었기 때문이라는 데 의견의 일치가 이루어졌다. 정부 특히 연준이 한 역할은 대체로 무시되었다. 그 결과 우리에게 필요하지 않은 것(지출과 제한적 규제)은 더 많아지고 정작 필요한 것(저축과 자유기업)은 줄어들었다.

금융계 지도자들도 무책임하긴 마찬가지였다. 호경기 동안 거대은행이 벌어들인 이윤은 비도덕적인 것이었다. 경기침체 이후 그들은 이전보다 훨씬 더 값비싼 대가를 치러야 했다. 하지만 은행가들은 정부가 그들을 다루었듯이 왜곡되게 행동했다. 우리 지도자들은 비이성적으로 주택 구입을 장려하고 저축을 저하시키며 차입과 대출을 무분별하게 부추김으로써 시장을 붕괴시켰다.

연준과 연방주택공사, 패니메이, 프레디맥(이것들은 언제나 모습을 바꾼 정부 기구이다) 등이 수행한 정책들은 주택매매에 혜택을 주고 대출과 차입에 불리한 조건을 제거했다. 그 결과는 커지다가 결국에는 터지고야 마는 신용거품과 부동산거품이었다.

인위적으로 낮은 금리(이로 인해 경제가 양호하다고 착각하게 되는데)는 변동금리 주택대부시장에 활력을 불어넣고 가격이 부풀려진 주택을 구입할 수 있게끔 보이게 만드는 예고 금리를 탄생시켰다. 앨런 그린스펀 자신이 주택 구입자에게 참여하라고 적극적으로 독려했다. 그 후 정부기구와 정부 후원 단체들은 예고 금리를 이용할 수 있는 차입자라면 누구에게나 변동금리 주택대부를 보증함으로써 문제를 악화시켰다. 그런 보증이 없었다면 이 주택대부는 대부분 자금지원이 되지 않았을 것이다.

자유시장 가격이 수요와 공급에 의해 결정되듯이 금융시장과 부동산 시장은 탐욕과 공포라는 두 개의 상반된 힘이 지배한다. 하지만 정부는 이 관계에서 공포를 제거하기 위해 안간 힘을 써왔다.

그리하여 신용거품과 주택거품이 시장의 힘에 의해 터지기 시작한 2008년을 기점으로 정부는 이 두 거품을 다시 부풀리기 위해 개입했다. 맨 먼저 베어스턴스Bearsterns와 에이아이지AIG를 구제했고 골드먼삭스Goldman Sachs나 뱅크오브아메리카BOA 같은 금융기관을 보증했다. 그 다음 민간 부문에서는 아무도 건드리려 하지 않는 주택대부 자산을 재무부가 7천억 달러의 부실자산구제 프로그램TARP으로 매입했다. 그 후 정부는 학생대출 기관인 샐리매이를 구제하고 사실상 학생대부시장 전체를 떠안았다. 디트로이트 자동차 업체들의 구제도 곧 뒤를 이었다.

파산해야 할 은행이나 기업들이 정부 지원으로 되살아났다. 보다 생산적인 용도를 찾도록 풀어놓아야 할 자본과 노동은 필요하지도 않은 활동에 묶였다.

주택경기 호황으로 현금을 빼앗긴 소비자들이 지출을 멈추게 되니 정부가 소비지출을 유지하기 위해 7천 억 달러라는 거액을 풀어놓았다. 정부가 장래 세대에게서 꾸어온 이 지출 덕분에 우리는 소득 내에서 생계를 꾸려야 하는 고통을 면할 수 있었다.

시장의 힘이 과다지출을 억제하고 부실투자를 청산하며 고갈된 저축을 재충전하고 자본축적에 투자하며 노동자들이 서비스 부문에서 제조업 부문으로 이동하는 것을 돕도록 허용하지 않음으로써 정부는 치료를 가로막고 질병을 악화시켰다. 그 과정에서 사실상 모든 형태의 부채가 정부 부채로 전환되었고 이번에는 재무부 채권이라는 또 하나의 거품을 부풀렸다.

불행하게도 이번 거품은 이전의 모든 자산거품을 무색하게 할 만큼 위협적이다. 언젠가 이 거품이 터지면 소비자물가와 금리는 치솟고 닷컴거품과 주택거품을 합한 것보다 더 큰 파괴력을 경제에 안길 것이다.

하지만 기차가 절벽에서 떨어지기 전에 기차를 멈출 시간은 있다. 우리에게는 유권자에게 솔직할 용기 있는 지도자가 필요하며 경제재건이라는 힘든 일을 수용할 힘 있는 유권자가 필요하다.

수년간 우리는 소득을 넘어선 생활을 해왔는데 이제 소득 내에서 생활하겠다는 결단을 해야 한다. 그렇게 결단하고 또 자유시장 힘이 방해받지 않고 작동하도록 허용한다면 우리 경제는 다시 균형을 잡고 실질 성장으로 나아갈 것이다.

하지만 부채를 믿고 화폐 인쇄기와 고통 없는 정부 해결책이라는 약속을 믿는다면 우리는 모두 그물 없이 고기를 잡아야 하는 신세가 되고 말 것이다.

미국경제사를 비유로 그린 이 책에서 독자는 유명한 인물과 사건을 많이 접할 것이다. 하지만 그토록 복잡한 이야기를 하나의 우화로 압축하기 위해서는 상세한 부분을 생략할 수밖에 없었다.

등장인물은 특정 역사적 인물을 이용하기도 했지만 폭넓은 사상을 대표하기도 한다. 예컨대 벤 바너클은 분명 연준 의장 벤 버냉키를 염두에 둔 것이지만 이야기에 나오는 바너클의 행동이 버냉키에게만 국한된 것은 아니다. 오히려 바너클은 물가상승을 지지하는 경제학자들을 대표하는 인물이다.

역사상 미국 지폐는 프랭클린 루스벨트가 대통령이 되기 20년 전에 도입되었지만, 루스벨트가 정부지출을 선호한 점을 감안하여 우리는 루스벨트가 지폐를 창안했다고 했다. 크리스 돗은 패니메이가 생겼을 때 아이였지만 나중에 돗이 패니메이를 지지한 점 때문에 우리 얘기에서는 그를 패니메이의 창안자로 그렸다. 그리고 책에서 외국 섬은 실제 외국과 거의 일치하지만 동시에 모든 나라를 대표하기도 한다.

역사적 사건과 인물을 나타내면서 사용한 이런 일탈과 그 밖의 다른 파격을 양해해 주기 바란다.